MARIA GRETZER

NICK SKELTON

JON DONEY

BRUCE

ALLEN

JOHN WHITAKER

PIET RAYMAKERS

HENK HULZEBOS

EMMA JANE BROWN

JOAN SCHARFENBERGER

RENÉ TEBBEL

JOS LANSINK

HARVEY SMITH

J. LENSSENJ.

JOHAN LENSSENS

NIGEL COUPE

KATI HURME

PAMELA CARRUTHERS

DAVID BROOME

CAPT JOHN LEDINGHAM

JOE TURI

HERVÉ GODIGNON

PHLIPPE GUERDAT

HELENA WEINBERG

JAIME AZCARRAGA

ANNE KURSINSKI

ESLIE BURR-LENEHAM

RONNIE MASSERELLA

DEBBIE DOLAN

MARK TODD

MICHAEL BULLMAN

Springreiten

Elizabeth Fürth

Springreiten

Große Reiter – berühmte Pferde

Müller Rüschlikon Verlags AG, CH-Cham/Zug

Titel des englischen Originals: Visions of Show Jumping, erschienen bei Springfield Books Limited, Norman Road, Denby Dale, Huddersfield HD8 8TH, West Yorkshire, England

Die Übersetzung erfolgte durch Elizabeth Fürth

ISBN 3-275-01090-5

1. Auflage 1994
Copyright © by Müller Rüschlikon Verlags AG, Gewerbestraße 10, CH-6330 Cham

Satz: F. X. Stückle, D-77955 Ettenheim

Printed in Hongkong

Widmung:
Meiner Familie: meiner Mutter, die mir immer ihre bedingungslose Liebe und stärkste Unterstützung gibt; meinem Vater, der mich in das Reich der Reiterei eingeführt hat, und meinem Bruder, der mein Leben stärker beeinflußt und mich bei der Arbeit mehr ermuntert hat, als ihm bewußt ist.

Anerkennung:
Ich möchte allen danken, die mir bei der Zusammenstellung dieses Buches geholfen haben. Insbesondere danke ich allen Reitern, Parcoursgestaltern und Pferdepflegern für ihre Ermutigungen und Unterstützung. Ohne sie wäre die Idee, die dem Buch zugrunde liegt, nie verwirklicht worden. Ein Danke der italienischen Journalistin Lucia Montanarella, ohne deren großzügiges Geschenk, ein Mini-Kassettenrecorder, meine Arbeit unmöglich gewesen wäre; und an Richard Lucas für seine positive Einstellung und Zuneigung. Und letzten Endes geht mein Dank an all die Pferde – die wahren Stars des Springsportes.

Inhalt

Einleitung

Bei der Zusammenstellung dieses Buches war mir daran gelegen, die Affinität zwischen Turnierfans und dem Sport des Springreitens zu fördern. Ich will den Lesern die Möglichkeit bieten, alle Aspekte einer funktionierenden Mensch-Pferd-Partnerschaft zu betrachten. Reiter verfügen über einen unsichtbaren Draht zu ihren Pferden, aber wir haben kaum die Chance zu sehen, wie dieses enge Verhältnis zustande kommt. Staunend beobachten wir, wie ein Athlet und sein Meister Großes leisten, ohne zu wissen, welche Art von Verbindung Reiter und ihre Pferde genießen. Wir sehen nur das Ergebnis unglaublicher Leistungen, die sie so mühelos zu meistern scheinen.

Pferde waren immer Teil meines Lebens, und ich habe viel Freude am Zureiten und Trainieren junger Pferde gehabt. Der Schuß Adrenalin, der sich in meinem Körper bewegte, wenn ich an Bewerben teilnahm, gemeinsam mit einem Gefühl, etwas erreicht zu haben, stimmte mich glücklich und zufrieden. Leider konnte mein Rücken, der mir schon in der Vergangenheit Schmerzen bereitet hatte, sich nicht länger den körperlichen Anforderungen des Sportes stellen und zwang mich letztendlich, mit dem Reiten aufzuhören. Es war ein harter Schlag ... Aber nichtsdestoweniger ergriff ich aus dieser plötzlichen Veränderung eine Gelegenheit, und so wurde das Ende einer Sache zum Anfang einer neuen Herausforderung. Ich reiste in ferne Länder, sammelte Erfahrungen, und vor allem entdeckte ich einen neuen Lebenspfad: die Fotografie.

Fotos stellen sicher, daß spektakuläre Momente eines Wettbewerbes auf Film eingefangen und verewigt werden. Erwägt man die hohe Technik von heute, so mögen manche der Meinung sein, daß Fotos zu einschränkend wären. Ich glaube noch immer, daß die Fotografie ein einmaliges Phänomen ist und bleibt. Welches andere Medium bietet uns das Privileg, ein Bild zu betrachten, bei dem man sich zurücklehnen kann, um seiner Phantasie freien Lauf zu lassen? Ein Foto verfügt über eine sehr persönliche Wechselwirkung: die offensichtlichste Reaktion ist, daß bestimmte Erinnerungen wachgerufen werden. Aber Fotos regen auch Gedanken an und wecken eine bestimmte Atmosphäre. Sie werden zur Motivation eingesetzt und helfen manchen, ihr Ziel zu erreichen. Natürlich dokumentieren und beweisen sie auch das Wesentliche. Fotos können auch dazu beitragen, ungewisse Augenblicke zu beleuchten. Sie mögen meine Ansicht für eher romantisch halten, aber ich bin eben Fotografin!

In Begleitung der Fotos gibt es Beiträge der vier weltbesten Parcoursgestalter, der Reiter, die in diesem Buch abgebildet sind, und ihrer fleißigen Pferdepfleger. Parcoursbauen ist eine sehr kreative und anspruchsvolle Arbeit, der bisher nie genügend Aufmerksamkeit geschenkt wurde. Ich sprach mit vier sehr verschiedenen Persönlichkeiten und war fasziniert, daß ich, obwohl sie sich in ihrer Arbeit sehr individuell ausdrücken, doch Parallelen in ihrer Philosophie erkennen konnte. Als ich den Reitern − in manchen Fällen den Pferdebesitzern − meine Fotos zeigte, bat ich sie, mir ihre Gedanken und ihre Bemerkungen über die Pferde oder den Schauplatz zu vermitteln. Ich erhoffte mir, daß, zu unserer Freude, die Reiter ihre tiefsten Gefühle sowohl zu ihren Partnern als auch zu ihrem Sport enthüllen würden. In meinen Gesprächen mit den Pferdepflegern wurde mir bald klar, daß sie, genau wie ich, es aus Liebe tun.

Obwohl es dank meiner Arbeit möglich ist, all die großen Persönlichkeiten des Springsportes kennenzulernen, gibt es im Leben der Fotografen Frustrationen. Regelmäßig werden uns gewisse Standorte verweigert, von denen aus zu arbeiten unser Herzenswunsch gewesen wäre. Wir finden uns somit meistens auf Plätze verbannt, an denen wir gar nicht sein wollten. Das sind dann oft Standplätze, die ich aus künstlerischen Überlegungen gar nicht gewählt hätte, sei es, weil die Lichtverhältnisse ungünstig sind oder der Blickwinkel nicht vorteilhaft ist. Oft treibt man uns bei Siegerehrungen wie eine Schafherde, doch wir müssen uns damit abfinden und versuchen, das Beste daraus zu machen. Solche Einschränkungen bewirken meistens, daß sich zehn oder mehr Fotografen am selben Platz zusammendrängen und dieselben Bilder knipsen. Ich versuche immer, Bilder zu schießen, die den Moment einfangen und dennoch anders sind. Ich sehe es als Herausforderung, doch eine Frische dem Ganzen gegenüber aufzubringen.

Andere Hindernisse, z. B. das Absperren gewisser Bereiche, wie die Stallungen − was aus Sicherheitsgründen geschieht − oder der Teilnehmertribüne, sind Entwicklungen neuesten Datums. Es macht es schwieriger denn je, an die richtigen Leute heranzukommen. Den richtigen Zeitpunkt abzuwarten ist von besonderer Wichtigkeit. Besonders wenn es sich um Leute handelt, die immer unter Druck sind.

Für mich bedeutet unter Druck stehen ein schneller Objektivwechsel, Filmwechsel, Kamera-Austausch, ein schneller Blick auf den Belichtungsmesser, ein rascher Blick auf mein Material oder einen Reiter abzufangen, und all das in Bruchteilen von Sekunden! Es ist schwierig, all das zu tun und trotzdem jederzeit das beste Bild einzufangen!

Wenn trotzdem alles geklappt hat, dann hat es sich gelohnt. Dank der Tatsache, daß ich zur richtigen Zeit am richtigen Ort sein konnte, um mit allen Leuten, die mit dem Springsport verbunden sind, zu sprechen, ist es mir gelungen, dieses Buch zusammenzustellen. Ich hoffe, es übermittelt Ihnen das Gefühl, selbst dabeigewesen zu sein.

Elizabeth Fürth

Vorwort

Als Chef d'Equipe der britischen Mannschaft während der letzten 23 Jahre habe ich viele Pferdebücher gelesen und zahlreiche Pferdefotos gesehen, und für mich ist «Springreiten» ein großartiges Buch. Ich habe darin viele Augenblicke, die Springturniergeschichte ausmachen, wiedererlebt: die Prüfungen, das Leiden, die Herzensschmerzen, die traurigen Zeiten ebenso wie die erfreulichen. All das spiegelt sich in den Gesichtern der Reiter und in ihren Zitaten, in den Aussagen der Pferdepfleger und deren Gefühlen für die Pferde wider. Aus diesem Grund finde ich dieses Buch natürlich herrlich, und ich bin sicher, daß es vielen, vielen Leuten, die ein Interesse an der Pferdewelt haben, sowohl Freude bereiten als auch eine gute Lektüre sein wird.

Nach all den Jahren, die ich mit der britischen Mannschaft zusammenarbeite, muß ich zugeben, daß ich diesen Sport immer noch aufregend finde. Wenn ich an die wunderbaren Reiter, die ich kannte, zurückdenke, zu Zeiten eines David Broome, Harvey Smith, Malcolm Pyrah, Liz Edgar, Marion Mould – ich könnte noch viele andere nennen –, war die Auswahl einer Mannschaft stets schwierig. Heute haben wir mit Nick Skelton, den Whitaker-Brüdern und all den guten jungen, aufstrebenden Reitern wunderbare Leute, und dennoch bleibt das Aufstellen einer Mannschaft genauso schwierig. Ich bin wahrscheinlich der einsamste Mann des Teams am Vorabend des Bewerbes, wenn ich die Wahl für den Nationenpreis des nächsten Tages treffen muß. Aber ich habe Glück, denn ich habe die Ehre, Reiter zu kennen, die die Probleme eines «Chefs», wie die fürchterlich schwierigen Entscheidungen, die er treffen muß, verstehen und würdigen. In vielerlei Hinsicht sind die Reiter verständnisvoll, obwohl einige unter ihnen glauben, daß sie niemals aus dem Team genommen werden sollten. Ich wähle die Mannschaft, von der ich das Gefühl habe, daß sie ihr Bestes geben wird und somit das beste Resultat für Großbritannien erbringen werden. Oft hatte ich recht, oft hatte ich unrecht. Ich erwarte nicht, daß mich die Reiter lieben, ich will als einziges ihren Respekt. Ich glaube, daß ich über die Jahre ihren Respekt verdient habe.

Doch nichts ist gewonnen, solange kein guter Teamgeist herrscht. Wenn ich mich an die ersten Male, als ich eine Mannschaft ins Ausland mitnahm, zurückerinnere, sind sie alle als Einzelreiter gesprungen. Es war überhaupt kein Geist in der Mannschaft. Ich hatte immer das Gefühl, daß wenn ich den Mannschaftsgeist verbessern könnte, es in der Tat unsere Leistung heben würde. So war es auch. Während der nächsten fünf Jahre steigerte sich der Mannschaftsgeist enorm, und es dauerte nicht lange, bis die Franzosen und die Deutschen damit folgten. Es ist ein angenehmes Gefühl zu wissen, daß andere Teams das nachmachen, was ich eingeführt habe. Ich muß zugeben, daß dies uns das Siegen erschwert hat, aber es ist ein Sport, und wir alle lieben zu siegen! Ich werde gefragt, wie ich mich fühle, wenn ich verliere. Nun, ich kann es Ihnen sagen, ich fühle mich furchtbar! Ich bin ein schlechter Verlierer – nicht nach außen –, Sie werden immer sehen, daß ich der Siegermannschaft gratuliere, aber tief drinnen schmerzt es.

Alle lachen mich aus, weil ich am Morgen eines Nationenpreises immer in die Kirche gehe. Ich erinnere mich an die Worte von Bert De Nemethy, dem großen amerikanischen Teamchef: «Ich höre, du gehst am Morgen des Nationenpreises in die Kirche.» Und er fragte mich, ob ich für den Sieg bete, und ich antwortete: «Nein, ich bete, daß meine Gegner die Niederlage gut hinnehmen.» An diesem Tag gewannen wir die Weltmeisterschaft in Aachen 1978! Bert De Nemethy mußte lachen. Ich bete wirklich nicht für den Sieg. Ich bete, daß es den Reitern gut ergeht und daß sie unverletzt wieder herauskommen. Meine Hauptsorge ist, daß Pferde und Reiter wohlbehalten und fit den Parcours beenden.

Ich bin sicher, daß Sie beim Lesen von «Springreiten» und beim Betrachten der wunderbaren Fotos an die zahlreichen Leute hinter den Kulissen denken werden: die Besitzer, die Sponsoren und insbesondere die Pferdepfleger. Auch sie verdienen letztendlich Medaillen. Sie haben alle Anteil daran, spüren sowohl bei Siegen als auch bei Niederlagen etwas. Dieses Buch zeigt, daß Gefühle ein dominanter Faktor im Springsport sind. Sie sind das Glied zwischen dem Pferd und seinem Reiter. Es ist alles eine sehr emotionsgeladene Sache, und ich bin mir sicher, daß Sie es genießen werden!

Ronnie Massarella

Der Champs-De-Mars-Turnierplatz, Paris, September 1991: Stilvoll bildet der Eiffelturm die Kulisse für das Paris-Masters-Turnier. Pierre Durand, französischer Olympiasieger von Seoul, übernahm zum ersten Mal die Rolle eines Turnierorganisators. Parcoursbauer war Olaf Petersen.

Parcoursbauer

Erstaunlicherweise hat sich mein Interesse für das Parcoursbauen erst so richtig entfaltet, seitdem ich fotografiere, wo ich mich doch als Reiterin ebensoviel damit hätte beschäftigen sollen.

Auf der obersten Ebene des Springsports ist die technische Komplexität des Parcoursbauens enorm fortgeschritten. Zu Hause, beim Training junger Pferde, was ich hauptsächlich tat, baut man vorerst passende Distanzen. Wenn man junge Pferde auf ein Turnier nimmt, sollte man bis zu einem bestimmten Niveau keine schwierigen Distanzen antreffen. Man beginnt bei der Ausbildung junger Pferde mit Springgymnastik. Später sollte man die Distanzen zwischen den Hindernissen und die Dimensionen der Sprünge in einer Gymnastiklinie verstellen, um dem Pferd so das Verlängern als auch das Verkürzen seiner Galoppsprünge beizubringen. Das Pferd lernt mit seinem Gleichgewicht besser zurechtzukommen, seine Basküle und seine Beintechnik, sowohl Vorderbeine als auch Hinterbeine können verbessert werden. Diese Übungen sind ausgesprochen vorteilhaft, da nicht nur die Pferde ihre Technik verbessern, sondern die Reiter ebenso. Reiter eignen sich einen besseren Sitz und ein gutes Auge für Distanzen an. Beim Training gibt es eine Vielfalt von Übungen, die dem Pferd Geschmeidigkeit und Gehorsam beibringen. So kann man z. B. ein Hindernis springen, indem man einen Achter reitet, oder ein Hindernis auf einer gebogenen Linie aufstellt. Allmählich bereitet man sein Pferd auf die immer technischeren Probleme vor, auf die es bei Turnieren im Laufe seiner Karriere stoßen wird.

Seitdem ich Topreiter fotografiere, im Springplatz stehe und sie aus der Nähe beobachte, ist mir die Feinfühligkeit, mit der sie Distanzen bewältigen, so richtig bewußt geworden. Es ist die Mühe wert, sich mit der Position und dem Charakter des Hindernisses auseinanderzusetzen, da ein bestimmtes Hindernis – sei es, weil es alleine steht oder weil es in der Folge zu reiten ist –, eine bestimmte Reaktion des Pferdes auslöst.

Springreiten bedeutet, diese Unterschiede zu erkennen und dementsprechend zu handeln: der Reiter muß wissen, mit welchem Geschick er bestimmte Distanzen oder bestimmte Hindernisse anreiten muß. Wenn er sich diese Erkenntnis angeeignet hat, muß er sie den verschiedenen Pferden anpassen. Weder eine leichte noch selbstverständliche Sache, da jedes Pferd anders reagiert.

Topniveau-Springreiten ist wahrhaft eine Form von Unterhaltung. Zuseher auf der ganzen Welt wollen die Vorstellung einer großen Partnerschaft bewundern. Sie wollen den Moment genießen. Sie wollen Zeugen eines großartigen Wettkampfs sein. Sie wollen ihre Begeisterung zur Schau stellen und ihre Idole unterstützen. Ich bin der Meinung, daß all das nur dann möglich ist, wenn die zu bewältigenden Kurse dementsprechend gebaut sind. Keine leichte Angelegenheit. Parcoursbauer müssen sich mit ihrer Materie auseinandersetzen, sie müssen enorm viele Informationen einholen, sie müssen über Erfahrung und Wissen verfügen, um gute Arbeit zu leisten. Sie stehen durchwegs unter Druck, da eine große Verantwortung auf ihren Schultern ruht. Sie können eine Veranstaltung beleben oder zunichte machen. Durch ihre Bauweise können sie einen Bewerb interessant und unterhaltsam gestalten, aber sie können den Bewerb mit einer unschönen und unharmonischen Bauweise ebenso leicht verderben. Die meisten Parcoursbauer sind sich ihrer Verantwortung sehr stark bewußt. Sie respektieren die Pferde: sie wollen sie nicht überfordern, und trotzdem besteht ihre Aufgabe darin, sie zu prüfen. Hier kommt die Kunst des Parcoursbauens zur Geltung. Ohne Zweifel haben manche Parcoursbauer einen sechsten Sinn für ihren Beruf. Ich habe eine Faszination für das Parcoursentwerfen, für das dazugehörige Wissen und die damit verbundene Kunst entwickelt. Ich bewundere und respektiere das Handwerk des Parcoursbauers.

Olaf Petersen bei den Reiterweltspielen, zugleich Weltmeisterschaften im Springreiten, Stockholm, 1990.

Olaf Petersen

Olaf Petersen wurde 1937 in Berlin geboren, und abgesehen von einem unerfüllten Kindheitstraum seiner Mutter hatte absolut niemand in seiner Familie etwas mit Pferden zu tun gehabt. Seine Mutter ermutigte den 14jährigen Olaf zum Reiten und meldete ihn bei Paul Schreck in dessen Reitschule in Münster an. Er wurde praktisch unter Zwang zu Pferden gebracht und gibt auch zu, daß er es anfangs gehaßt hat. Relativ schnell «sprang dann aber doch der Funke über», er

begann es zu lieben und verbrachte jede freie Stunde im Stall. Das eher bescheidene Familieneinkommen bedeutete, daß Olaf sich dazu entschloß, in den Ferien zu arbeiten, um sich Reitstunden zu leisten. So entschlackte er z. B. als 15jähriger Bursche die Kohleöfen der Häuser in seiner Straße.

Wegen des Krieges machte er das Abitur erst im Alter von 20 Jahren. Die folgenden fünf Jahre verlor er den Kontakt zu Pferden, da das Handelsstudium Vorrang hatte. Nach längeren Reisen, alle zum Zweck Ausbildung, trat Olaf dem Familienunternehmen bei, mit dem Hauptziel, den Betrieb – eine Briefumschlagfabrik – zu übernehmen. Erst dann kaufte er sich sein erstes Pferd namens Amateur. Mit 27, drei Wochen vor seiner Hochzeit, kam er in einem S-Springen schwerz zu Sturz, brach sich einige Wirbel und lag drei Monate im Spital mit der Aussicht, nie wieder reiten zu können. Zum Glück waren die Auswirkungen des Sturzes milder, als die Diagnose es vorerst prophezeit hatte. Olaf erholte sich vollständig.

Amateur wurde an Hans Günter Winkler verkauft. Das Pferd ging dann über Leon Melchior zu Alwin Schockemöhle, der ein Pferd für seinen jüngeren Bruder Paul suchte. Die beiden gewannen viele internationale Prüfungen, und Paul bestätigt, daß er dank Amateur das Reiten erlernt hat.

Olafs Auszeichnungen als Parcoursbauer sind beeindruckend. Er baute sein erstes «S» 1973. Sein erstes internationales Turnier war Donaueschingen 1975, und kurz danach, nachdem er bloß zwei internationale Turniere in seiner Heimat gebaut hatte, wurde er ins Ausland eingeladen. Er hat auf allen fünf Kontinenten gebaut. Sein Titel lautet: Official International Course Director, was bedeutet, daß er FEI(Fédération Equestre Internationale)-Seminare abhalten darf. Der Job des Technischen Delegierten wurde ihm sowohl für die Europameisterschaft von Gijon 1993 als auch für die Olympischen Spiele von Atlanta 1996 zugeteilt. Weiter ist er auch ein offizieller Richter und hält einen Sitz im FEI-Ausschuß für Springreiten. Seine bedeutendsten Berufungen waren: 1988 die Olympischen Spiele von Seoul, 1989 die Europameisterschaft von Rotterdam, 1990 die Weltmeisterschaft von Stockholm, die Volvo-Weltcup-Finals von Berlin 1985 und Dortmund 1990. Er hat mehr Volvo-Weltcup-Qualifikationsbewerbe und mehr CSIO-Turniere gebaut als ein anderer seiner Kollegen.

Er entwirft für 16 – 20 Turniere im Jahr und – wie kaum anders zu erwarten – er fühlt sich «ein wenig schuldbewußt, da ich mein Büro dadurch etwas vernachlässige. Anstatt auf Urlaub zu gehen, baue ich eben».

Obwohl Olaf den Parcoursentwurf als zweiten Beruf sieht, bezeichnet er sich nicht als Profi-Parcoursbauer. Er sieht sich als «freier Künstler» und würde sich «zu sehr unter Druck fühlen», wäre es sein Hauptberuf. Es ist ihm wichtig, ein bestimmtes «Gefühl der Freiheit zu behalten», das ihm ermöglicht, seinen eigenen Ideen nachzugehen, ohne den Anforderungen seiner Arbeitgeber unterliegen zu müssen. Olaf schreibt seinen Erfolg dem Zufall zu und behauptet, daß seine neue, revolutionäre Bauweise, mit der er sich das Ziel gesetzt hat, eher die Reiter zu testen, als zu sehen, wer sich das teuerste Pferd leisten kann, aus einem Neidgefühl entstand.

«Ich hatte immer eine Faszination für den Springsport: Als ich wußte, daß ich wieder reiten konnte, kaufte ich mir wieder Pferde. Zwischen den Jahren 1971 und 1973 besaß ich zwei klasse Pferde, mit denen ich auch einige bedeutende nationale S-Springen gegen Leute wie Hartwig Steenken und Soenke Soenksen gewann. Ich war nicht das große As, aber ich konnte mich in ‹S› relativ gut bewegen. Ich war aber mit dem, was ich springen mußte, nie so recht zufrieden. Ich

erinnere mich auch, daß ich über Micki Brinkmanns Strecken nie gut aussah. Ich fand sie so ekelhaft wie schwierig! Besonders von den Abmessungen her. Ich war auch nie der mutigste Mensch gewesen, sondern ich hatte zugegebenermaßen ein bißchen Angst vor diesen schwierigen S-Springen! So bin ich diesen massiven Brinkmann-Sprüngen eher aus dem Weg gegangen.»

«Ich habe einfach viel gemeckert, die Kurse, die wir damals reiten mußten, stark kritisiert. Der erste Schritt ist, daß man unzufrieden ist, der zweite, daß man kritisiert, und der dritte, daß man sich denkt, Mensch, ich würde es mal anders machen. Dann kam ich mit Wolfgang Feld in Verbindung, der damals nicht nur Military gebaut hat, sondern auch Springprüfungen, der ein Schüler von Brinkmann war und mich überredete, mal mitzugehen. Und so ging ich mit. Ich fand das toll, weil er auch andere Ideen hatte, hauptsächlich über Linienführung.»

«Der Zufall spielt im Leben ja eine große Rolle, und bei mir war der Zufall, daß kurzfristig vor einem großen Turnier in Hannover der Parcoursbauer ausfiel. Die Organisatoren wollten Feld haben. Der konnte aber nicht und erzählte ihnen von einem Freund namens Olaf Petersen, der mal mitgebaut hatte und sagte ihnen: ‹Der kann das.› So baute ich also 1973 mein erstes ‹S›! Zu dieser Zeit, Anfang der siebziger Jahre, waren die Dinge anders. Man mußte keine Prüfung ablegen, mußte nicht, wie es ja eigentlich sinnvoll ist, eine Ausbildungsleiter ersteigen. Es war eher: o.k. der kann nicht, der kann, o.k., dann schick' ihn mal dahin! So baute ich eben ein paar S-Springen. Meine Kurse waren neu, anders – und die Reiter waren zufrieden. Das, was man selber nicht gerne reitet, nämlich dicke Häuser, baut man auch nicht für andere. Ich hatte einfach eine andere Einstellung. Für mich mußte es eben nicht so hoch sein, aber dafür technischer. Ich wollte technische Strecken bauen. Ich wollte mehr Aufgaben an die Reiter stellen und nicht so viel von den Pferden verlangen. Ich wollte mehr die Intelligenz des Reiters und nicht seinen Mut testen.»

«Ich konnte mir nie ein richtig teures Pferd kaufen, und ich muß zugeben, ich hab' damals mit gewissem Neid auf solche Leute, die sich teure Pferde kaufen konnten, mit denen sie diese dicken Hindernisse springen konnten, herabgesehen. Aus diesem Neidgefühl heraus wollte ich ihnen beweisen, daß gute Pferde alleine, ohne gutes Reiten, nicht genügen.»

«Hannover war also ein Schlüsselerlebnis. Da war ich zum ersten Mal alleine, und die Reiter waren mit meinen Neueinführungen zufrieden.»

Zu diesem Zeitpunkt waren seine Neueinführungen einzigartig und etablierten sich sehr bald als Petersen-Merkmale: «Ich baute diese massiven Brinkmann-Oxer, die mit Büschen und Hecken gefüllt waren, nicht mehr, ich ‹entbuschte› sie. Ich habe sie durchsichtiger gemacht, offener und habe sehr schnell festgestellt, daß man Fehler produzieren kann, indem man etwas schwierigere Distanzen baut.»

«Ich habe die Optik mehr eingebaut. Wenn ich heute einen Parcours entwerfe und analysiere, gibt es für mich drei wichtige Komponenten:

Die Linienführung. Es ist äußerst wichtig, daß man sich Gedanken über den Weg macht, den ein Reiter galoppieren muß, die Harmonie, dieses Zusammenlebens Mensch/ Tier. Das ist auch etwas, was Zuschauer zum Pferdesport hinbringt. Nicht immer nur geradeaus und am Ende der Arena rechtsum und die ganze Linie wieder zurück, sondern, daß man über gebogene Linien Rhythmus und Harmonie zeigen kann. Linie kann auch eine Aufgabe für Reiter und Pferd stellen. Wenn ich z. B. eine Kombination so anreiten lasse,

daß sie vom Ausgang weg zu springen ist, ist das wesentlich schwieriger, als wenn sie zum Ausgang hinführen würde, in welchem Fall man sie höher bauen könnte.

Die Abmessung: die Höhe und Breite, das ist schon wichtig. Das Springvermögen soll natürlich, jedoch ohne Übertreibung, geprüft werden. Ich baue lieber niedriger, dafür aber technischer.

Die Optik eines Sprunges. Es muß auch

Olafs Stil, Geschichte und Tradition des Gastgeberlandes eines Turniers in seines Parcours einzubauen, führte bei der Europameisterschaft in Rotterdam 1987 zum Entwurf dieser Windmühlen. Die Reiterin ist Evelyne Blaton (Belgien) auf Conny.

gut aussehen. Farben und Formen beeinflussen das Pferd. Man experimentiert auch und bemerkt die verschiedenen Reaktionen der Pferde auf Farben. Kontrastreiche Stangen wie schwarz/weiß werden z. B. mehr respektiert als, sagen wir mal, Pastelltöne. Ein gutes Beispiel dafür war De Nemethy, der in Los Angeles mit diesem ‹rustic red›, einem recht dunklen Rot, das wenig Kontrast zum Sandboden abgab, baute. Solche Dinge ergeben

viel mehr Fehler. Formen sind auch von Wichtigkeit. Ein volles Hindernis im Gegensatz zu luftigen Hindernissen, mit Seitenteilen oder ohne. Für mich muß aber selbst ein luftiges Hindernis deutliche Seitenteile haben, weil das Pferd einfach Orientierung braucht. Die Wichtigkeit der Seitenteile und der Dekoration war besonders bei den Olympischen Spielen von Barcelona zu erkennen; sie bewiesen, wie verloren und verunsichert

sich Pferde ohne diese Hilfen fühlen. Wenn man an die letzte dreifache Kombination des letzten Tages denkt, diese massiven, farbkräftigen Türme ... Alle anderen Hindernisse waren leer, was schon mal Fehler gab, und dann der Kontrast der dreifachen Kombination, das gab solch einen optischen Schock. Die Pferde kamen extrem zurück. Seitenteile wirken sehr gut auf das ‹GO› der Pferde, im positiven Sinn genauso wie im negativen Sinn. Da gab es also diese imposanten Seitenteile, die Abmessungen waren noch dazu weit, die Pferde sprangen nicht genug nach vorne, bekamen keine Weite, und jeder erinnert sich sicherlich an das Ergebnis ...»

«Ein bestimmter optischer Effekt verlangt aber nicht nur etwas vom Pferd, er testet auch den Reiter – merkt er, *warum* das Pferd hier anders springt? Der Reiter muß bei der Parcoursbesichtigung an die verschiedenen Hindernisse denken. Er muß sich nicht nur den Weg vom ersten bis zum zwölften Hindernis merken, daß die Kombination da auf weit steht und da auf eng, sondern er soll ja möglichst viel Einfluß nehmen auf die Länge des Galoppsprungs seines Pferdes. Die Frage also, wie man die Distanzen überbrückt, die nicht ganz normal sind; er soll ja etwas tun oben auf dem Pferd, er soll erkennen: Wenn ein Sprung sehr luftig ist, dann muß er wesentlich vorsichtiger heranreiten. Je schwieriger optisch ein Sprung und eine Distanz zwischen Hindernissen sind, um so technisch genauer muß der Reiter reiten. Er muß den Absprungpunkt fixieren. Ich sehe den Springsport als Team von Pferd und Reiter. Es gibt keinen Grund, warum ein schwächeres Pferd mit einem besseren Reiter nicht auch gut aussehen kann! Meine Ideologie ist also, mehr Aufgaben vom Pferd auf den Reiter zu verlagern.»

«Komischerweise produziert ja ein Parcoursbauer genau das, was Reiter nicht gerne machen: Er produziert für eine recht bedeutende Anzahl dieser Leute Fehler. Ich bringe sie ja regelrecht dazu, Fehler zu machen. Es ist also verständlich, daß ich sie im Innersten nicht sehr glücklich mache.»

«Reiter möchten an so vielen Turnieren wie möglich teilnehmen, aber sie möchten zugleich ihre Pferde frisch behalten. Insofern kommt der technischere Aufbau auch den Reitern sehr entgegen. Ich erinnere mich, als ein Pessoa oder ein Broome zum ersten Mal meine Kurse ritten und mir dann sagten: ‹Mensch, das hat uns echt Spaß gemacht!› Dies hat mir viel bedeutet.»

«Es war eigentlich aufgrund der Resonanz der Reiter, die mich an Organisatoren weiterempfohlen haben, daß es so schnell ging und daß ich in andere Länder gereist bin. Das Schöne war dann, daß überall, wo ich gebaut habe, ich heimische Assistenten gehabt habe, die meine Philosophie, meine Aufbauweise verstanden und praktisch wie meine ‹Jünger› wurden, indem sie meine Ideen weiterverfolgt haben. Ich sehe das als persönlichen Erfolg. Das ist schon ein schönes Gefühl! Zwischen 1975 und 1988 ist es mir also gelungen, den Sport nicht *gegen* den Willen der Reiter, sondern *mit* ihrem Willen zu verändern.»

«So schön der Sport auch sein mag, er war einfach zu langweilig präsentiert! Ich wollte optisch mehr machen. Ich wollte mehr Bühnenbild bringen, schließlich heißt es auch *Show* Jumping. Die sportliche Leistung ist ja die gleiche, 1,60 m ist 1,60 m, ob ich es über eine rostige Stange oder über ein schön gestaltetes Hindernis mache. Man kann es mit anderen schönen Dingen im Leben wie Essen und Trinken vergleichen. Du kannst den teuersten und hervorragendsten Rotwein trinken. Er schmeckt dir, obwohl es der gleiche Saft ist, aus einem Kristallglas besser als aus einem Plastikbecher. Man trinkt auch mit den Augen, und den Sport, meine ich, machst du auch mit dem Auge.»

«In Seoul konnte ich meine Träume echt ausleben, da ich ein unbeschränktes Budget hatte! Die Koreaner haben mir einen Vertrag gegeben und haben mich verantwortlich gemacht, alles, bis hin zur Absperrung des Abreiteplatzes, zu entwerfen. Da ich meinen Gedanken freien Lauf lassen konnte, zeigte sich, wohin ich wollte. Ähnlich war es dann auch in Stockholm. Dort hatte ich zwar ein Budget, aber ich bin Kaufmann, mit so etwas kann ich umgehen, und es sind trotzdem schöne Sprünge geworden. Ich habe die Absicht, jedem Platz seinen eigenen Charakter zu geben. Wir sind in der einzigartigen Lage, neben Golf vielleicht, etwas zu produzieren, wobei Zuseher am Fernseher selbst dann noch erkennen können, wo der Wettkampf stattfindet, wenn es z.B. einen Tonausfall gäbe. Wir haben den Vorteil in unserem Sport, so viel mehr zeigen zu können.»

«Ich beginne zwei Jahre vor Championaten wie z.B. Stockholm, an die Kreation, das Design der Hindernisse zu denken. Ich reise mit offenen Augen durch das Land, gehe in Museen, lese Bücher. Das nimmt Zeit in Anspruch. Man muß eine Beziehung zu Kultur und Geschichte des Landes finden. Die Inspiration für Linienführungen kommt ja auch nicht über Nacht. Man testet einige Linien. Man sammelt während der 20 Turniere im Jahr Erfahrung, man beobachtet Pferde und Reiter genau. Sowohl Ideen für Linienführungen als auch die Aspekte der Hindernisse ändern sich, sei es wegen der Erfahrungen oder wegen eines Wechsels der Toppferde. Gäbe es fünf Miltons, müßte ich die Sache ändern. Aber obwohl ich für die Elite baue, muß ich auch für das Mittelmaß bauen. Ich muß sowohl Pferde als auch Reiter genauestens beobachten. Die Linien wie auch die Fragestellungen eines Parcours können sich ändern. Ich teste in Großen Preisen und in Nationenpreisen. Das muß aber gut getarnt sein!»

«Wenn ich den gleichen Parcours, mit dem gleichen Material in Aachen und in England bauen würde, und dieselben Reiter-Pferd-Kombinationen darüberreiten würden, so wäre das Ergebnis anders. Eine Distanz wird ja auch durch verschiedene Verhältnisse wie Boden, Regen oder Sonnenschein beeinflußt. Das kann man nicht messen. Das muß man fühlen.»

«Ich möchte, daß das Publikum Emotionen zeigt. Ich möchte, daß es mitmacht, mitlebt. Ich liebe es, wenn die Zuschauer einen bestimmten Reiter oder ein bestimmtes Pferd unterstützen, wenn sie mit ihm mitspringen. Es ist mein Ziel, Spannung und Unterhaltung zu bringen. Ich möchte den Leuten, die nach Stockholm kommen, ein schönes Wochenende bieten, den Fernsehzusehern das Gefühl eines Krimis übermitteln. Das sehe ich als Herausforderung. Ich betrachte mich fast als ‹Regisseur› im Sport.»

«Da gibt es dann noch etwas, und das teile ich natürlich mit meinen Kollegen. Im letzten Jahrzehnt haben wir Parcoursbauer den Sicherheitsfaktor verbessert. Das ist vor allem so, weil wir technischere Fragen stellen, weil das Baumaterial verbessert wurde. Die Tatsache, daß die kanadische Mannschaft bei den Olympischen Spielen von Mexiko 1968 mit einem Totalergebnis von 102,75 Fehlerpunkten gewann, ist heute unfaßbar. Ich kann es kaum glauben. Wir haben also seit 1968, als die Zuseher es für normal hielten, daß eine Mannschaft mit einem Ergebnis von 102,75 die Goldmedaille gewinnt, einen großen Schritt nach vorne gemacht. Heutzutage sind die Resultate weit davon entfernt, der Sport ist viel sicherer und das Publikum genießt die Spannung um einiges mehr.»

Jon Doney

Jon Doneys offizieller Titel lautet: Senior Course Designer of the British Show Jumping Association. Er ist einer der Parcourschefs der FEI und wurde von der FEI zum offiziellen internationalen Parcoursgestalter ernannt. Er ist internationaler Richter und am besten als der «Mann von Hickstead» bekannt, eine Aufgabe, die er von seiner Lehrmeisterin Pamela Curruthers, nach ihrem Rücktritt beim Derby Meeting 1987, übernahm. Jon hat in der ganzen Welt gebaut, die Australische Nationale Meisterschaft, das Spruce Meadows Masters, Europameisterschaften der Jungen Reiter, die Springbewerbe von Badminton und vieles mehr.

Jon wurde 1949 in eine Familie voller Pferdetradition hineingeboren. Alle ritten zur Jagd. Sein Vater besaß zusätzlich zu seiner Tätigkeit als Geschäftsmann eine Rennpferde-Trainerlizenz. Sowohl seine Mutter als auch seine Schwester interessierten sich für den Springsport. Jon ist allerdings nie gesprungen: «Ich bin eigentlich recht früh im Leben dahintergekommen, daß ich auf einem Pferderücken nicht allzu gut aussah.» Nachdem er entschieden hatte, daß er sich

Der Brite Jon Doney im Einsatz auf seinem Lieblingsturnierplatz Hickstead während der Royal International Horse Show (RIHS) 1992.

«auf festem Boden sicherer fühlte», begann er im Alter von 15 Jahren Parcours zu gestalten.

Es begann als Hobby, ohne daß er eine Karriere daraus machen wollte. Er ist gelernter Tischler und trat für einige Zeit der väterlichen Firma bei. Er stellte jedoch sehr bald fest, daß dies doch nicht die richtige Tätigkeit für ihn war und daß «die Herausforderung, Hindernisse aufzustellen, um das richtige Reiter-Pferd-Paar gewinnen zu sehen, eine nette Sache ist». Sein Hobby entwickelte sich bald zu einer Beschäftigung, die sein Leben bestimmen sollte, wobei sich Jon «sehr glücklich fühlt». Er gibt sich seiner Arbeit voll hin und meint, daß Nägelbeißen sein einziges Hobby sei. Nun, nicht ganz, denn er versuchte sich auch im Golf, aber «das Loch ist zu klein».

Pamela Curruthers hat Jon durch und durch beeinflußt. Bevor er Hickstead übernahm, war er Pamelas Assistent bei den Welt- und den Europameisterschaften, die auf der Anlage des All England Show Jumping Ground abgehalten wurden. Seither konnte sich Jon großen Respekt verschaffen: «Reiter sagen mir, daß sie meine Parcours genießen, da sie sich nie sicher sind, was ich als nächstes baue! Das macht Spaß.»

«Wenn wir Kurse für junge Pferde entwerfen, haben wir am Training Anteil; es ist besonders wichtig, sich daran zu erinnern. Wenn man die Spitzengruppe anspricht, muß man gewisse Probleme und Prüfsteine einbauen, aber sie müssen lösbar sein.»

«Ich sorge mich nie, wenn sich ein Reiter oder eine Reiterin verletzt — natürlich nicht ernstlich —, aber ich bin übermäßig besorgt, wenn sich ein Pferd verletzt, denn es hat keine Wahl, der Reiter schon. Sicherheit ist die wichtigste Sache, die wir Parcoursgestalter ganz fest im Sinne verankert haben. Wir sind alle Pferdeliebhaber. Wären wir es nicht, würden wir nicht in diesem Job sein, denn Pferde sind doch so wundervolle Tiere.»

«Meinen Stil prägen flüssige, vorwärts zu reitende Kurse. Das will nicht heißen, daß ich in meinen Kursen keine kurzen Distanzen einbaue, aber ich sehe es viel lieber, wenn Pferde mutig sind und sich fliegen lassen. Meine Parcours können dick sein und mit eingebauten Prüfsteinen, vor denen Pferde die Galoppade verkürzen müssen und im Gleichgewicht und gehorsam sein müssen. Ich sehe in meinen Kursen ganz gerne eine oder zwei prüfende Distanzen. Die Fertigkeit liegt darin herauszufinden, wie viele prüfende Aufgaben man einbauen soll und *wie* man prüfen soll, um das richtige Ergebnis zu erzielen.»

«Die richtige Anzahl an fehlerfreien Ritten zu erreichen ist ein wahrer Alptraum: Probleme einzubauen, zu versuchen, die Pferde richtig einzuschätzen, zu versuchen, den Parcours fair zu gestalten und zu versuchen, den richtigen Tagessieger zu bekommen. Unter uns, je mehr ich mache, desto nervöser werde ich! Ich glaube, je mehr man macht, desto weniger weiß man. Wenn Leute zu mir kommen, um mich zu fragen, wie viele Nuller es geben wird, möchte ich darauf gerne antworten: Wie lang ist ein Stück Schnur? Denn das Glück spielt so sehr mit. Sogar Milton kann einen schwachen Tag haben.»

«In Wirklichkeit bin ich ein Planer. Ich muß alles vorerst auf Papier aufzeichnen. Selbstverständlich muß man flexibel sein, wenn man zum Turnierplatz kommt. Die Distanzen entscheide ich erst, wenn ich am Turnier bin. Sehr oft fehlt es mir total an Inspiration! Dann stehe ich auf, gehe auf und ab, schaue mir den Garten an, komme zurück und denke mir etwas Neues aus. Teil des Vergnügens ist es, auf neue Ideen zu kommen. Aber man muß vorsichtig sein, es kann passieren, daß man zu ehrgeizig wird, Kurse zu schwierig, mit zu vielen Wendungen baut.

Man muß achtgeben, nicht wegen begangener Fehler in Erinnerung zu bleiben.»

«Ich nehme an, jeder Parcoursbauer würde lügen, wenn er behauptete, er wolle die Kurse der Olympischen Spiele nicht bauen. Ja, ich würde sie wahrscheinlich sehr gerne bauen! Bauen macht mir Spaß. Ich habe die meisten Dinge erreicht. Jetzt, glaube ich, möchte ich mehr richten. Eine andere Sache, die ich gerne machen möchte, ist, anderen Parcoursbauern weiterzuhelfen, Seminare abzuhalten – hauptsächlich, um sie auf das internationale Niveau zu bringen.»

«Um Parcoursbauer zu sein, muß man ein Feingefühl für Pferde haben. Ich habe mein ganzes Leben mit Pferden verbracht. Es ist ausgesprochen wichtig zu wissen, wozu Pferde imstande sind. Nicht nur bezüglich der Hindernisse, sondern auch wie rasch sie wenden können, wie schnell sie gehen können. Wenn man einen Parcours ausmißt, muß man erkennen, wo es für das Pferd gefahrlos ist. Es ist ein Balanceakt zwischen der Gestaltung eines interessanten Parcours und eines übertriebenen.»

«Auf manche Reiter hört man mehr als auf andere. Man muß sich im klaren sein, ob ihr Einwand zutreffend ist, oder ob sie etwas sagen, das nur das Pferd betrifft, das sie in diesem Moment gerade reiten. Glaubt man, daß sie recht haben, muß man auch etwas unternehmen. Zuzuhören ist schon sehr wichtig, denn schließlich bewegen wir uns alle im selben Sport und wollen seinen Erfolg. Wenn wir einen Fehler begangen haben, weil wir etwas nicht geändert haben, müssen wir das auch eingestehen.»

«Der Technische Delegierte ist nur bei Meisterschaften anwesend. Er trägt im wesentlichen für absolut alles die Verantwortung. Er steht, was den Parcours anbelangt, über dem Richterkollegium. Er soll den Parcours in Hinsicht auf seine technische Korrektheit abnehmen. Er muß sich mit dem Parcoursbauer treffen und muß den aufgestellten Parcours genehmigen. Es ist wichtig, daß sich der Technische Delegierte und der Parcoursgestalter gut verstehen. Technischer Delegierter zu sein ist ein harter Job: er muß alles koordinieren, Stallungen, Tierarzt, einfach alles.»

«Der Springsport hat sich stark verbessert, Pferde des Spitzensportes springen immer höher und weiter, deshalb bauen wir mit leichterem Material, flacheren Auflagen und stellen technischere Fragen. Nichtsdestoweniger stelle ich gerne ein paar festere und einige luftigere Hindernisse in meine Parcours. Manche Gestalter versuchen mit Farben zu tricksen. Ich billige das nicht. Man soll ein Pferd niemals tricksen. Es soll immer eine faire Prüfung sein. Ich spiele lieber mit Distanzen. Nicht so sehr in Kombinationen, die sind so oder so schon schwierig genug. Wir brauchen nicht Power, Power, Power die ganze Zeit. Wir müssen uns immer vor Augen halten, daß wir im Unterhaltungsgeschäft sind. Wir müssen die Dinge ansehnlich gestalten.»

Linda Allen

Die Kalifornierin Linda Allen ist ihre Erfolge betreffend bescheiden, aber in ihrem Innersten ist sie sich der Wichtigkeit ihrer Aufgabe bewußt und erhält außerdem ständig reichlich Beweise dafür, wie gut sie tatsächlich ist. Wie alle erfolgreichen Leute besitzt sie eine starke Persönlichkeit und dazu die scharfsinnige Gabe, eine Situation ständig zu überprüfen.

Im Jahre 1946 geboren, führte Lindas Weg zum Parcoursbau über eine erfolgreiche Reiterlaufbahn. Sie stammt nicht unbedingt aus einem sehr pferdeverbundenen Milieu. Ihre Eltern unterstützten sie zwar sehr in ihrer Leidenschaft: «Meine Mutter hatte Pferde immer geliebt und war eine begeisterte Zuseherin, aber finanziell teilten die Eltern meine Passion nur, sofern es ihnen möglich war.» Linda fing als Zehnjährige mit dem Reiten an. Sie ritt verschiedene Arten von Pferden, vom Saddle Horse bis zum Western. Aber sehr bald wandte sie sich dem Springreiten zu, «hauptsächlich weil es schwierig war». Fünf Jahre lang studierte sie Pharmazie an der Universität, entschloß sich dann aber doch, lieber ständig bei Pferden zu bleiben, indem sie unerfahrene Pferde kaufte, um sie auszubilden und weiterzuverkaufen. Sie schloß sich geschäftlich einem Sponsor an und reiste an die Ostküste Amerikas, um dort an Turnieren teilzunehmen.

Die Sommersaison 1979 ritt sie in Europa und machte den Stall Alwin Schockemöhle zu ihrem Stützpunkt. Sie nahm unter anderem an Turnieren wie dem Hickstead Derby Meeting teil und hatte viel Spaß an ihrer Tournee. Sie ritt für das USET in Nationenpreisen in Spruce Meadows und stand 1980 im Olympiakader für Moskau – das waren die Spiele, die von den meisten Nationen boykottiert wurden. Die Ersatzspiele fanden dann im Spätsommer des gleichen Jahres in Rotterdam statt, aber Linda hatte Schwierigkeiten mit ihrem Rücken und mußte ins Spital, um operiert zu werden.

Fragt man sie nach ihren wichtigsten reiterlichen Erfolgen, antwortet sie bescheiden: «Ich war einfach glücklich, auf internationalem Niveau zu reiten. Konkurrenzfähig gewesen zu sein war ein großer Erfolg für mich.»

Sie gewann mehrere Grand Prix mit Pferden, die sie von Grund auf trainiert hatte, darunter zwei große internationale Prüfungen beim Spruce Meadows Masters.

Linda war immer schon an der Parcoursgestaltung interessiert und begann ganz inoffiziell auf Anfängerturnieren zu bauen. Es war eine ganz natürliche Entwicklung, den Parcoursbau beruflich auszuüben. 1992 wurde sie gebeten, alle Kurse für das Volvo-Welt-cup-Finale von Del Mar zu entwerfen. Bis auf Australien – «Das scheint nie in meinen Zeitplan zu passen» – hat sie auf allen Kontinenten gebaut. Sie reist durchschnittlich 30 Wochen pro Jahr und teilt ihre Zeit zwischen Parcoursbau, Richten, Seminaren, Kliniken und Verbandsarbeit auf. Da bleibt für Hobbys nicht viel Raum. Sogar ihre Freizeit verbringt sie mit Arbeit, gewöhnlich zu Hause am Computer – mit dem Ziel, «ein Programm für den Parcoursentwurf zu schreiben». Eine ihrer Ambitionen ist es, mit einem Architekten zusammenzuarbeiten, um permanente Parcours zu entwerfen.

Als sie selbst noch ritt, interessierte es sie sehr zu verstehen, inwieweit der Parcoursbau nicht nur die Entwicklung des Sportes, sondern auch das Training von Pferd und Reiter beeinflußt. Dies, verbunden mit dem Einfluß von Pamela Curruthers – «Ich bewundere Pamela sehr, habe sie immer wieder befragt» –, macht Linda zu einer der weltweit bekanntesten Parcoursgestalter.

Lindas Hauptsorge ist die Sicherheit von Pferd und Reiter. Sie will, daß Bewerbe Pferde fördern, und sehen, daß diese am Ende einer Turnierwoche immer noch gut gehen – und miterleben, daß sie letztendlich das Turnier als bessere Pferde verlassen, als sie es bei ihrer Ankunft waren.

«Auf Championatebene haben die Reiter ihr Niveau bereits bewiesen, indem sie für die Teilnahme an solchen Meisterschaften ausgewählt wurden. Sie erwarten, daß ihre Pferde getestet werden; sie erwarten, große Sachen zu springen. Das Hauptziel besteht darin, die Spitzenreiter zu trennen. In anderen Bewerben berücksichtige ich das mittlere Niveau am meisten. Da muß man achtgeben, daß, obgleich man prüft, nichts im Parcours steht, das gefährlich, schädlich ist oder gar nachteilige Auswirkungen auf den Fortschritt unerfahrener Pferde, die noch legitime Fehler

machen, haben könnte. Bei einem Drei- bis Viertageturnier bin ich noch vorsichtiger, daß, wenn Pferde einen Fehler machen, es ihr Vertrauen nicht zerstört. Ich gebe acht, nicht zu viel von ihnen zu verlangen. Man kann es sehr leicht zu weit treiben, sogar auf höchster

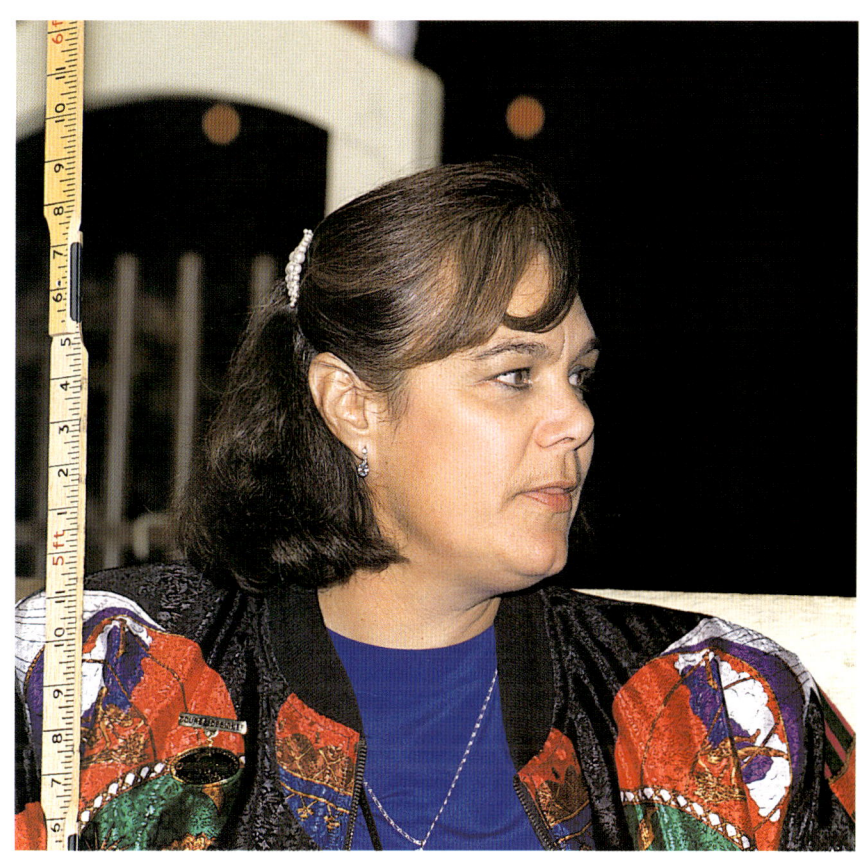

Ebene. Ich versuche einen Parcours aufzustellen, der wirklich gutes Springen bewirkt, der aber am Ende des Bewerbes kein Gefühl des Unmuts auslöst, indem sich sogar die besten Pferde mit zu schwierigen Fragestellungen auseinandersetzen mußten. Am Ende des Bewerbes sollen die Pferde ebenso zufrieden sein wie die Reiter.»

«In gewisser Weise sind die Dinge, die man im Parcoursbau tun kann, eher begrenzt. Aber dann gibt es so viele Faktoren, mit denen man herumspielen kann, daß es prak-

Das vorweihnachtliche Turnier in der Olympiahalle in London 1992. Traditionsgemäß laden die Veranstalter jedes Jahr einen anderen Parcoursbauer aus dem Ausland für die große Tour ein. Linda Allen (USA) baute jeweils das große Springen des Abends. Ihre wichtigsten Aufgaben waren jedoch der Große Preis und der Volvo-Qualifikationsbewerb.

tisch unmöglich ist, den gleichen Kurs zweimal zu bauen. Man ist mit den offensichtlichen Sachen wie Distanzen, Höhen, Tiefen und Material kreativ. Am interessantesten ist, welche Reaktion ein Hindernis in der Relation zum anderen bewirkt. Ich neige dazu,

Pamela Curruthers (GB) ist vor allem für den Entwurf von Turnierplätzen wie Hickstead, Derby-Strecke inbegriffen, und Spruce Meadows in Calgary bekannt. Weiter schrieb sie Geschichte, indem sie die erste Frau war, der die Position des Technischen Delegierten bei einer Meisterschaft zugeteilt wurde. Sie hielt diesen Posten bei den Olympischen Spielen von Seoul 1988.

«Es war wunderschön, von Anfang an (1960) in Hickstead, dem Turnierplatz, der sich zum weltbesten entwickelt hat, mitbeteiligt gewesen zu sein. Ich vertrat immer die Meinung, daß Ergebnisse nicht anhand schwieriger Distanzen, sondern mittels der Eigenschaft der Hindernisse erzielt werden sollen. In Hickstead beeinflußt vor allem die Unebenheit des Bodens die Resultate.»

meinen Plan erst dann fertigzustellen, ja manchmal ihn sogar erst im Laufe des Turniers selbst zu zeichnen. Ich habe die Erfahrung gemacht, daß es leicht für mich ist, Kurse am Turnier zu entwerfen, wenn ich am Turnierplatz stehe und sehen kann, wie sich die Pferde verhalten. Wenn ich am Turnier bin, gestalte ich einen Kurs dreimal so schnell, als wenn ich zu Hause vor einem blanken Stück Papier am Schreibtisch sitze! In dieser Weise dient auch das vorhandene Material zu meiner Inspiration. Bevor ich auf ein Turnier komme, kann ich eine gute Idee für eine interessante dreifache Kombination für den großen Bewerb haben, doch dann sehe ich das Material und denke mir, daß es damit viel besser sein könnte. Ich bin sehr

flexibel. Viel mehr als andere. Es ist eine wichtige Eigenschaft. Im Freien können sich die Verhältnisse ändern, der Boden ändert sich so oft, daß man gezwungen wird, anpassungsfähig zu sein! Organisatoren ändern den Ablauf der Bewerbe und man bekommt 30 Minuten Zeit... wenn man damit nicht fertigwerden kann, gerät man schwer in Bedrängnis!»

«Mein Ziel ist es, nicht einen bestimmten Teil des Parcours extrem schwierig zu gestalten, so daß die Herausforderung nicht darin liegt, ein besonders schwieriges Hindernis zu meistern, sondern daß alle Hindernisse ohne Verweigerung bewältigt werden. Wenn ich einen schlechten Tag erwische, dann bekomme ich meistens zu viele Ritte mit vier Fehlerpunkten und nicht genügend Nuller. An und für sich habe ich vier Fehlerpunkte gerne. So sehr ich sie als Reiterin gehaßt habe, so sehr mag ich sie als Parcoursbauerin. Für einen Reiter ist es schrecklich! Für den Gestalter ist es wunderbar, denn es bedeutet, daß das Pferd sehr gut gesprungen ist. Der Reiter mag enttäuscht sein, aber wenigstens hat er danach kein Problem mit seinem Pferd. Ich finde keinen Gefallen daran, ein Hindernis zu bauen, bei dem das Pferd ein Problem hat und bei dem es vielleicht zu Sturz kommt.»

«Ich bin nur dann zufrieden, wenn ich ein gutes Ergebnis erziele, aber ich bin auch der Meinung, daß die Ritte schön aussehen sollen. Es gefällt mir nicht, wenn der Ritt des Siegers schwierig aussieht. Er soll sehr leicht aussehen, sehr flüssig und geschmeidig. Man stellt einen Parcours auf, über den der beste Reiter gewinnt, indem er schnell und vorwärts reitet.»

«Man kann es nicht jedem Reiter recht machen. Gewöhnlich wollen sie Anpassungen, die ihren Pferden liegen. Es wird in jedem Bewerb immer etwas geben, was einem bestimmten Pferd nicht liegt, und das weiß man auch. Im allgemeinen versuche ich fair zu sein. Man kann sich nicht zu sehr von den Reitern beeinflussen lassen. Manchmal muß man hart bleiben. Man könnte verrückt werden, wenn man für alle Änderungen machen würde! Man muß das Gleichgewicht finden, um empfänglich und verständnisvoll den Reitern gegenüber zu sein, ohne sich von ihnen bedrängen zu lassen.»

«Wir sollten in einem Parcours die Dimensionen und die technischen Fragestellungen vorsichtig in ein Gleichgewicht bringen, aber den Reitern immer dabei helfen, ihre Pferde durch die Saison zu bringen. Es ist fast ebenso schwierig, die Karriere eines älteren Pferdes zu managen, zu wählen, wo und wann man es einsetzt, um ihm ein langes Leben zu ermöglichen, wie ein junges Pferd herauszubringen.»

«Ich bekomme einen richtigen Adrenalinschub, wenn ich bei einem Bewerb, den ich gebaut habe, zusehe! Das geht über Stunden, Tage, Wochen! Wochen bevor ich das Finale von Del Mar zu bauen hatte, sorgte ich mich darum, was geschehen könnte. Ich versuchte alles vorauszuahnen, dann, am Vorabend, als ich mir alle Maße nochmals ansah, stellte ich mir pausenlos Fragen. Es gibt immer schreckliche Bewerbe, z. B. wenn die ersten sechs Pferde fehlerfrei bleiben, oder wenn es nach 20 Reitern immer noch keinen Nuller gibt... Da kann man schon graue Haare bekommen. Nicht gut! Ich esse dann zuviel. Ich fange dann an, schneller und schneller zu stricken! Ich tue es nur am Turnier, wenn die Dinge nicht so gut laufen.»

«Man wird das Gefühl eigentlich nie los, nicht viel über den Parcoursbau zu wissen. In diesem Sport kann man an einem Tag voll da sein und am nächsten weg vom Fenster, denn es ist egal, wieviel Gutes man in der Vergangenheit geleistet hat – eine schlechte Sache, und man ist erledigt. Das hält einen ständig wachsam!»

Paul Weier

Paul Weier ist eine der erfolgreichsten und vielfältigsten Persönlichkeiten der Reiterwelt. Seine Karriere führt vom Offizier der Schweizer Armee (Oberst in Reserve) über Reiter, Landwirt, Richter, Parcoursbauer, Technischer Delegierter bis zum Honourable Steward General. Die Liste seiner Wettkampferfolge ist endlos: Er gewann nationale Meisterschaftstitel im Springen, in der Dressur und in der Military. 1957 ritt er seine erste Military-Europameisterschaft. Danach ritt er bei vier aufeinanderfolgenden Olympischen Spielen im Springwettbewerb mit. Er gewann den Grand Prix von Rom (1966), Luzern (1970), Aachen (1973), London Olympia (1974), Bratislava (1979) und den Grand Prix von Lissabon der Jahre 1970 – 1973 gar viermal hintereinander. Er gewann eine Silbermedaille in der Einzelwertung bei der EM von Aachen 1971 und eine Silbermedaille im Mannschaftswettbewerb der EM von München 1975.

Seine Verpflichtungen als Parcoursbauer sind ebenso beeindruckend. Er entwirft sowohl Militarystrecken als auch Springparcours. Er hat auf allen fünf Kontinenten gebaut. Seine wichtigsten Berufungen waren zwei Europameisterschaften der Junioren in den sechziger Jahren, die Senioren-Europameisterschaften von St. Gallen 1987 und La Baule 1991, die Volvo-Weltcup-Finals von Göteborg der Jahre 1986 und 1993 und die Panarabischen Meisterschaften in Damaskus 1992. Paul Weier hält auch Parcoursbauer-Seminare in der ganzen Welt ab. Und als ob all dies nicht schon genug Zeit in Anspruch nehmen würde, führt er obendrein noch eine Reitschule mit angegliedertem Landwirtschaftsbetrieb und Gaststätte in Elgg bei Winterthur.

Paul Weier wurde am 3. Dezember 1934 in eine Familie voller Landwirtschaftstradition hineingeboren. Sein Vater führte nicht nur den Landwirtschaftsbetrieb, er war auch für den Einkauf der Pferde für den Circus Knie verantwortlich, seine Mutter war eine erfolgreiche Dressurreiterin und Trainerin. Dank der Verbindungen, die sein Vater zum Circus Knie hatte, bekam er im Alter von 3 Jahren sein erstes Pony. Er erinnert sich, bis ins Alter von 14 Jahren im Gelände «sehr ängstlich» gewesen zu sein, da seine Ponys alle «verdammt frech» waren und er Angst vor dem Herunterfallen hatte. Trotz seiner Ängstlichkeit zog es ihn doch zum Springen, da «sich dort die Zuseher sammelten». «Die Dressur lag damals noch sehr im Schatten. Ich wollte am Geschehen teilhaben, und als ich dann bessere Ponys bekam und ich seltener herunterfiel, wuchs auch mein Mut.» Sein steigendes Selbstvertrauen trieb ihn sogar zum Sieg in einem Rennchampionat. «Damals hieß es: Wenn man kein Gefühl für Geschwindigkeit hat, kann man unmöglich Dressur reiten.»

Paul Weier bei den Olympischen Spielen in Barcelona 1992, wo er den Posten des Chief Steward innehatte.

Im Grunde genommen wollte Paul Weier nicht nur mit Pferden zu tun haben, er wollte in die Fußstapfen seines Onkels treten, der im Dorf Tierarzt war, und begann mit dem Studium der Veterinärmedizin. 1957 wurde er aber zum Militärdienst gerufen und trat der Schweizer Kavallerieschule bei. Als der Reitlehrer der Kavallerieschule von Bern starb, wurde Paul Weier gefragt, ob er die Stelle vorübergehend übernehmen wolle. Er sagte zu und gab sein Studium für ein Jahr auf. «Aus einem Jahr wurden drei Jahre und dann plötzlich zehn Jahre, und ich mußte die Idee, Tierarzt zu werden, vergessen!» In der Kavallerieschule war er verantwortlich für das Anreiten der Remonten. «Wir hatten 750 junge Pferde im Jahr, zu einer Zeit, als die Schweizer Armee an die 2500 Pferde besaß. Das war an und für sich ein Superjob für einen jungen Mann!» Er war auch für die Sportabteilungen Dressur, Military und Springen verantwortlich. Sein Interesse für den Parcoursentwurf stammt auch aus seiner Armeezeit. 1957 hielt die Armee ihren überhaupt ersten Parcoursbauerkurs ab, und Paul Weier wurde «als Jüngster einfach ins Wasser geworfen».

«Das Parcoursbauen fing für mich eigentlich als Hobby an. Ich dachte, daß Erfahrung darin dem Training mit den jungen Pferden helfen würde. Wann immer ich im Ausland war, fotografierte ich all die Hindernisse, die ich sah. Ich habe derzeit ein Sammlung von weit über 3000 Dias. Ein Freund von mir filmte immer Kurse, und ich studierte die Filme immer wieder. So hatte ich im Grunde genommen gelernt, denn dazumal gab es niemanden, zu dem man in die Lehre gehen konnte. Wir haben dann in der Schweiz eine Parcoursbauer-Kommission gegründet, deren Präsident ich wurde. Wir haben dann die nationalen Parcoursbauer zusammengenommen, haben einen Plan aufgestellt, um zu entscheiden, wie sie geformt werden sollen. Ich bin immer mehr da hineingerutscht, und habe Kliniken in der Schweiz und in Deutschland geführt. Mein bester Bereiter von damals hatte einen Rückenschaden und für mich 1965 – 1967 Minihindernisse aus Metall gebaut und bemalt. Ich habe eine Kollektion von 300 verschiedenen Hindernissen, die ich in einer kleinen Holzkiste zu meinen Seminaren mitnehme.»

«Es war für mich ganz klar, daß sich das Konzept des Parcoursentwurfs ändern muß-te. In Diskussionen mit Micki Brinkmann und Pam Curruthers – ich habe mit Pam in Mexiko, in Florida und in Persien mitge-baut – haben wir uns gefragt, was geschehen sollte. Ich habe Fragebogen an Topreiter ver-teilt, in denen ich sie fragte: ‹Was möchtet ihr im Parcoursbauen, wie seht ihr die Ent-wicklung, was sind die schwierigsten Kombi-nationen, wie sollte man das Wasser mitge-brauchen?› Daraus entstand dann das neue Konzept. Ich bin der Meinung, daß sich das ganze Konzept des Parcoursbauens seit 1957 mindestens acht- bis neunmal geändert hat.»

«Mein Ziel war, diese riesigen Oxer der siebziger Jahre zu ändern. Die maßen an die zwei Meter in der Breite! Mir machte das nicht so viel aus, denn ich hatte Pferde wie Wulf und Fink, die sie leicht springen konn-ten, aber wir hatten die Vollblüter der Ameri-kaner und Franzosen. Die landeten meistens in der Mitte solcher Oxer. Wenn ein Pferd mal in der Mitte solcher Hindernisse landete, sprang es nie wieder. Man kam nach Aachen, und die Leute behaupteten, daß ein Oxer erst dann ein wahrer Oxer wäre, wenn er minde-stens 1,80 m in der Breite maß. Wir mußten unseren ersten Zwei-Meter-Oxer bei den Olympischen Spielen von Mexiko springen. Ich war entschlossen, dies zu ändern. Der Parcoursentwurf mußte auf jeden Fall pfer-defreundlicher werden! Pferde kosteten da-mals noch nicht so viel wie heute, man achte-te daher nicht so sehr auf ihr Wohlbefinden. Damals mußten Pferde in der Lage sein, mas-sive Hindernisse zu springen, manchmal so-gar Geländesprünge.»

«Heute ist das alles dem Zirkus ähnlich. Es klingt vielleicht etwas übertrieben, weil es einen negativen Unterton hat, aber es ist wirklich dem Zirkus nahe, im guten, positi-ven Sinn. Wir müssen in kürzester Zeit etwas hinbauen, eine tolle Schau liefern, das Ganze wieder abbauen, um dann wieder etwas ganz Neues aufzubauen. Das finde ich interessant und gut. Ich war auch immer ein großer Zir-kusfan.»

«Wenn ich baue, möchte ich keine gebro-chenen Pferde und auf keinen Fall an das Maximum gehen. Ich erinnere mich, als ich einmal in Südafrika für einen Weitsprung-Weltrekordversuch gebaut hatte. Das war in-teressant. Dann kam die Idee, den Hoch-sprung für einen Weltrekordversuch anders zu bauen. Ich war 1969 in Chile zur Feier des 20-Jahr-Jubiläums im Hochsprungrekord in der Kavallerieschule. Ich hatte gesehen, wie das gebaut wurde, das ist nicht mehr möglich so. Pferde sind sicherlich in der Lage, 2,50 bis 2,60 m zu springen, aber nicht mit Sechs-Meter-Stangen, die 55 Kilo wiegen. Der Hochsprungrekordversuch von Johannes-burg war eine Katastrophe! Ich habe alles ge-filmt. Als ich sah, daß Pferde, die im Trai-ning noch 2,30 m gesprungen waren, an je-nem Tag nicht einmal über 2 Meter wollten, einfach die Nase voll hatten, die Angst in den Augen zu erkennen war, hab ich mir ge-schworen: nie wieder! Ich bin gegen einen Hochsprungbewerb, gegen Puissance! Ich finde es unfair, wenn ein Pferd so lange springen muß, bis es einen Fehler begeht. Ich möchte nicht, daß Pferde Fehler machen.»

«Ich bin der Meinung, daß gute, erfahrene Parcoursbauer kleine Einstiegsprüfungen für junge Pferde bauen sollten. Es ist wie bei der Dressur: die besten Richter, die den Grand Prix bewerten, sollten auch die kleinsten Prü-fungen richten, damit man den Teilnehmern einen guten Einstieg für die Zukunft gibt. Leider ist es aber umgekehrt, die jüngsten Leute richten die kleinsten Prüfungen oder bauen die kleinsten Bewerbe, und dann ist es sehr oft so, daß die Pferde einen zu schlech-ten Einstieg haben, um weit nach oben zu kommen. Jungen Pferden muß man helfen, man muß sie ermutigen.»

«Wenn ich für das Volvo-Weltcup-Finale oder für ein Championat baue, unterscheide ich auch, ob es der Mannschaftsbewerb oder die Einzelprüfung ist, möchte ich, daß das bestgerittene Pferd mit dem Reiter, der die besten Reaktionen zeigen kann, gewinnt. Um dieses Stadium zu erreichen, muß man einfach sehr, sehr viel bauen. Man muß Pferde beobachten, auf einem Turnier schon vom ersten Turniertag an. Ich führe immer eine detaillierte Statistik all meiner Entwürfe. Ich zeichne mir genau ein, was bei jedem Hindernis passiert ist. Ich habe auch detaillierte Statistiken von anderen Leuten. So habe ich z. B. Statistiken von allen Olympischen Spielen seit 1924 zu Hause. Ich habe auch alle Olympischen Spiele seit 1948 selbst mitgefilmt. Das schaut man sich dann immer wieder an und macht sich Gedanken über die Entwicklung. Wenn ich zu einem Turnier komme, schaue ich mir, bevor ich baue, gerne die Einlaufprüfungen an. Es ist verdammt wichtig zu wissen, wie die Pferde, die zu einer Meisterschaft kommen, springen. Ich befasse mich mit dem Boden, schaue, wie die Pferde reagieren. Ich muß wissen, ob der Boden mithilft oder nicht. Wenn der Boden nicht mithilft, dann muß ich dem Ganzen entgegenkommen. Ich baue technischere Feinheiten mit ein. Distanzen, die den Reiter dazu zwingen, mitzudenken, und die ihn dazu herausfordern, die Fähigkeiten seines Pferdes zu erkennen. Je besser der Reiter sein Pferd kennt, desto größer sind seine Siegeschancen. Ich erinnere mich, einmal hatte ich Bert De Nemethy gesagt, daß eine Distanz verdammt lang sei. Er antwortet: ‹Ach nein, ich sage meinen Leuten: statt daß du 350 m/s reitest, reitest du einfach 380 m/s!› Mit erhöhtem Tempo wird auch der Galoppsprung länger. Sein Tip hat mir damals so viel Eindruck gemacht, daß ich mir dachte: ‹Ja, das mußt du

erreichen, einfach ein schnelleres Tempo wählen, und das Pferd wird automatisch seinen Galoppsprung verlängern.› »

«Natürlich kann es mir auch passieren, daß ich mal unsinnig baue, dann stehe ich dazu, bemühe mich aber, daß das nicht mehr vorkommt. Die Reiter und alle Beteiligten müssen mir verzeihen, wenn etwas passiert, aber ich wiederhole das bestimmt nie mehr. Andererseits glauben Reiter manchmal, daß ein bestimmtes Hindernis unmöglich zu springen ist. Wenn ich aber überzeugt davon bin, daß es möglich ist, dann beweise ich es ihnen.»

«Normalerweise habe ich an die 110 Hindernisse, die ich nach Zürich, Genf oder St. Gallen nehmen und mit denen ich herumspielen kann. 1993 kam ich fast als ‹Fremdkörper› zum Volvo-Weltcup-Finale nach Göteborg und mußte mit einem sehr beschränkten Springmaterial bauen. Dazu kam noch, daß ich die Einlaufbewerbe nicht gebaut hatte, die hat Roland Nilsson gebaut. Das erschwert natürlich die Möglichkeit, ein Gefühl für die Konkurrenten zu bekommen. Ja, man schaut selbstverständlich zu, wie die Pferde gehen, aber man hat viel weniger Zeit, seine Ideen zu testen. Ich habe mich bemüht, im Laufe der Tage neue Dinge miteinzubauen, ich habe alle Register gezogen, um etwas Neues zu kreieren, aber es war fast nicht möglich. Ich hätte gern zwei, drei neue Sachen dringehabt, um das Ganze etwas zu beleben und um dem Publikum etwas Interessanteres zu bieten.»

«Ich bin ein Mensch, der unter Druck arbeiten muß, sonst kommt nichts heraus! Ich bin nicht kreativ, wenn ich zu sehr im voraus entwerfe – und noch wichtiger: Es gibt so viele Sachen, die ich berücksichtigen muß, wie die Qualität der teilnehmenden Pferde, um nur eine zu nennen.»

«Harmonie ist ebenfalls von großer Bedeutung für mich. Wenn es einen Bewerb gibt, in dem Reiter ihre eigene Linie wählen, kann man sich nur wundern, auf welch verrückte Dinge die kommen: es ist alles andere als komisch oder rhythmisch! Wenn ich einen Parcours abgehe, möchte ich einen Rhythmus kreieren. Nun, wenn ein Reiter die Linie kaputtmacht, kann ich kaum die Schuld dafür tragen.»

«Pferde müssen für die Halle konditionell viel besser beisammen sein als für draußen. Es ist eine andere Technik, die der Parcours-architekt auch berücksichtigen muß. Wenn ich Seminare abhalte, sage ich den Leuten, die die Parcours immer technischer gestalten wollen, daß sie auch an die Pferde denken müssen. Sie brauchen auch Erholungspausen, wo sie Luft schnappen können, besonders in der Halle, wo die Luft nicht allzu gut ist. Das zehrt an der Kondition des Pferdes. Draußen können die Kurse zwar länger sein, an die 1000 Meter, aber es gibt immer wieder 50 oder 100 Meter, wo die Pferde Atem holen können.»

«Ich möchte frisch bleiben, möchte die Zeit haben, um herumzuschauen, um Ideen von den verschiedensten Orten zu sammeln, damit ich kreativ sein kann. Da ist immer die Gefahr, in ein Schema zu verfallen; das wäre dann, als ob man Daten in einen Computer einprogrammiert, der dann verschiedene Kurse ausspuckt. Ich will kreativ sein. Deshalb baue ich auch entweder meine eigenen Hindernisse zu Hause, oder lasse Hindernisse nach meinen Anweisungen herstellen.»

«Ich würde gerne das Volvo-Weltcup-Finale in Genf bauen. Ich reiße mich nicht unbedingt um Europameisterschaften oder Olympische Spiele, aber Genf wäre schön. Die Arena ist riesig, und ich könnte mein eigenes Material mitbringen. Das würde mir die Gelegenheit geben, herumzuspielen und Spaß dabei zu haben.»

Pferde
und Reiter

Springreiten erreicht seinen Höhepunkt, wenn Pferde und Reiter die schwierigsten Hindernisfolgen mit scheinbarer Leichtigkeit und Eleganz bewältigen. Es erreicht seinen Höhepunkt, wenn Reiter wohl Kontrolle, aber keine Vorherrschaft über das Tier ausüben. Es ist wunderschön mitzuerleben, wie ein Reiter sich dem natürlichen Rhythmus eines Pferdes anpaßt und dem Pferd seinen freien Vorwärtsdrang gestattet. Das Pferd widerspiegelt die Natur, und der Mensch wird von einem hochentwickelten Geist geleitet. Springreiten vereint die beiden Aspekte. Pferde strotzen vor Kraft. Eine Kraft, die der des Menschen so sehr überlegen ist, ein Geist, so frei und unverdorben. Weiter formt Springreiten eine Partnerschaft aus zwei Darstellern, die ineinander verschmelzen: Wissen und Intuition seitens des Reiters sowie Bereitschaft und Zusammenarbeit seitens des Pferdes. Diese Bereitschaft kann nur wachsen, wenn gegenseitiges Verständnis und Vertrauen vorhanden sind. Dieses Kapitel zeigt, was erreicht werden kann, wenn Pferde und Reiter zusammenarbeiten.

Wenn ich fotografiere, möchte ich all das, was Springreiten bedeutet, in einer einzigen Aufnahme festhalten. Keine einfache Aufgabe, da der Sport doch so vielfältig ist. Eine aktionsgeladene Aufnahme kann trotzdem all die Spannung eines Augenblickes beinhalten. Eine Nahaufnahme kann den Gesichtsausdruck des Reiters zeigen und kann die Schwierigkeiten, die der Reiter während seiner Vorstellung möglicherweise hatte, hervorheben. Auf der anderen Seite kann ein Bild den Beobachter in Staunen versetzen, indem es zeigt, mit welcher Leichtigkeit eine

anspruchsvolle Aufgabe bewältigt wurde. Eine Totale zeigt mehr vom Parcours, die Ausmaße und die Gestaltung der Hindernisse. Diese Aufnahmen widerspiegeln vielleicht nicht dieselbe Dramatik wie die Nahaufnahmen, bieten uns aber ein besseres Verständnis für die Aufgaben, die Pferde und Reiter bewältigen müssen.

Es ist lohnenswert, einen Bewegungsablauf am Sprung einzufangen, der das Pferd von seiner besten Seite zeigt, seinen Springstil: beide Knie fest angezogen, fast unter dem Kinn sozusagen. Dieser Moment ist auch jener, den die Reiter am liebsten sehen! Er zeigt ihnen, wie vorsichtig ihr Pferd ist. Er beweist ihnen, daß ihre Partner wirklich alles geben. Aber wenn man die Pferde immer nur in dieser Phase abbildet, wäre das Spektrum des Bewegungsablaufs nicht vollständig, und die Bilder wären alle gleich.

Manche Pferde wie Milton oder Helena Weinbergs Just Malone haben eine einzigartige Beintechnik mit der Hinterhand. Alle Pferde verfügen über ihren eigenen Stil. Nicht nur beim Springen, sondern auch wenn sie sich dem Hindernis nähern. Ich versuche gerne die Individualität jedes Pferdes einzufangen. Fotos ermöglichen es, solche Momente zu analysieren. Milton z.B. gibt sowohl beim letzten Galoppsprung vor dem Absprung wie auch bei der Bergabphase seines Sprunges immer ein Ohr zurück. Das ist ein Zeichen dafür, daß er nicht nur auf John horcht, sondern daß er sich auch auf die bevorstehende Aufgabe konzentriert. Einige Pferde haben beim Anreiten beide Ohren nach vorne gespitzt. Andere haben über dem Sprung beide Ohren hinten. All das wird fest-

Anne Kursinski (USA) und Cannonball waren bei den Olympischen Spielen von Barcelona 1992 das Eröffnungspaar der amerikanischen Mannschaft. Sie wurden im ersten Umlauf disqualifiziert, zeigten aber im zweiten Umlauf enorm viel Mut und Entschlossenheit und beendeten diesen mit nur einem Abwurf, was dem Team zum fünften Platz verhalf. «Wir mußten es ganz einfach bis ins Ziel schaffen! Cannonball war für die Olympischen Spiele zu unerfahren. Ich mußte ihn von seiner Fähigkeit überzeugen. Er glaubte nicht an sich und schreckte vor der Größe und der Leere der Hindernisse zurück. Ich würde Cannonball als kleinen Gauner beschreiben! Er ist wie ein Pony: frech und nicht absolut zuverlässig. Er ist sehr talentiert und temperamentvoll – ich liebe ihn sehr. Wenn er auf meiner Seite ist und wenn wir ein Team bilden, dann sind wir großartig.»

*Wertvolle Mannschafts-
mitglieder: Willi Melliger
und Porter aus der
Schweiz in Spruce Mea-
dows, Calgary, 1989, wo
die Mannschaft den zwei-
ten Platz im Nationen-
preis belegte.*
«Ich ritt Porter nur sechs
Monate lang. Thomas
Frühmann und Walter
Gabathuler ritten ihn vor
mir. Er hatte mit Thomas
große Erfolge erzielt. Wir
haben auch gute Bewerbe
gewonnen. Er gab mir im-
mer ein Supergefühl, aber
er war schwierig zu rei-
ten. Man mußte ihn ver-
stehen. In Calgary ging er
sehr gut, wir waren im
ersten Durchgang fehler-
frei geblieben und hatten
im zweiten Umlauf einen
Abwurf.»

gehalten und kann bei der Verhaltensanalyse eines Pferdes behilflich sein. Die individuellen Charakterzüge können binnen eines Sekundenbruchteils aufgenommen werden.

Es gibt einige Abschnitte des Sprungablaufes, die, wenn man sie fotografiert, einen falschen Eindruck vermitteln: wenn man beim Absprung zu früh abdrückt, kann der Eindruck entstehen, daß das Pferd die oberste Stange geworfen hat; hat man zu spät abgedrückt, sieht man ein über dem Hindernis hängendes Pferd, dessen Beine nur halb angewinkelt sind. Das ist weit von der Bestleistung eines Pferdes entfernt. Ich verabscheue diese Bilder, und falls ich solche erwische, landen sie sofort im Mülleimer! Zum Glück passiert es mir aber nicht oft.

Ich werde oft gefragt, ob ich einen Motorantrieb verwende und während des Bewegungsablaufes meinen Finger ganz einfach auf dem Auslöser lasse, um die gewünschte

Phase zu erwischen. Die Antwort lautet ganz schlicht nein. Wenn man diese Technik anwendet, kann man sicher sein, daß man eine herrliche Serie all der unerwünschten Phasen eingefangen hat! Eine motorbetriebene Kamera zu haben kommt einem allerdings sehr zugute, da sie es ermöglicht, das Geschehen weiterzuverfolgen, ohne daß man die Kamera vom Auge nehmen muß, um den Film zu transportieren. So kann man also Pferd und Reiter weiterverfolgen und dabei jederzeit, wenn man es als wertvoll empfindet, abdrücken. Ja, natürlich bietet einem der Motor die Möglichkeit, eine Folge zu schießen, aber dafür braucht man das gleiche Gefühl wie für das Einzelfoto. Es ist eine Frage des Timings. Wenn auf Schnellschuß eingestellt wird, schießt ein Spitzenmodell bis zu fünf Bilder pro Sekunde. Dies hängt wieder davon ab, wie gut die Energiezufuhr ist. Im Schnellfeuermodus werden Batterien regelrecht aufgefressen. Wenn die Batterien an Saft verlieren, fällt die Leistung des Motors ab; man muß sich dem anpassen. Während man fotografiert, merkt man an dem Geräusch seines Materials, wieviel Saft man noch zur Verfügung hat. Über die Jahre habe ich gelernt, auf meinen Motor zu hören!

Ein ebenso wichtiger Faktor ist, sich den Stil einzuprägen, den der Reiter mitten im Sprung zeigt. Manche lehnen sich nach links, manche nach rechts. Die, die genau in der Mitte bleiben, über dem Pferdehals zum nächsten Hindernis schauen, wie man es ihnen beigebracht hat, sind mir am liebsten! Es erleichtert mir das Leben um vieles, da ich sie von beiden Seiten gut erwischen kann. Ich kann kaum zählen, wie viele Fotos nach jedem Turnier im Mülleimer landen, weil sie einem UFO (unidentified flying object) ähnlich sind. Der Ausdruck des Reiters ist immerhin von Wichtigkeit. Manche Reiter, John Withaker als Spezialist unter ihnen, wechseln pausenlos die Seite. Bei ihm kann man unmöglich vorausahnen, auf welche Seite er sich lehnen wird. Ich versuche die Seite, die der Reiter bevorzugen wird, vorauszuahnen, indem ich mir die Linie des Parcours anschaue. Wenn die Linie zum nächsten Hindernis nach rechts geht, besteht die Möglichkeit, daß der Reiter sich nach rechts lehnt, um das nächste Hindernis im Blickpunkt zu haben. Bei John bin ich mir aber niemals sicher! Er ist ein solch intuitiver Reiter, daß er einem wahrscheinlich nicht einmal sagen könnte, nach welcher Seite er sich über dem Sprung lehnt. Wenn er Milton reitet, sind die Chancen eines guten Fotos noch geringer, weil Milton sich ungern seine Mähne einflechten läßt und diese daher beim Springen hochfliegt und Johns Gesicht verdeckt. Ein gutes Foto von den beiden zu machen ist eine doppelte Herausforderung!

Die deutschen Reiter Franke Sloothaak, Otto Becker und Ludger Beerbaum sind Traummodelle. Sie haben mich noch nie im Stich gelassen. Sie sitzen genau in der Mitte und schauen schnurgerade durch die Ohren ihrer Pferde. So erkannte ich plötzlich in mir den Wunsch, die Reiter mit dem besten Stil siegen sehen zu wollen, nur weil ich von ihnen gute Fotos hatte und weil die veröffentlichten dadurch mit Sicherheit ihre großartige Leistung dokumentieren würden. Es fällt mir schwer, bei der Arbeit total objektiv zu bleiben. Ich habe meine Favoriten. Aber ich bewundere auch andere Reiter und wünsche mir, daß sie Gutes leisten, weil sie gemeinsam mit den Pferden, die sie reiten, wirklich vollkommene Reitkunst demonstrieren. Öfter gehen meine Gefühle mit mir durch und ich lasse Dampf ab, wenn mir ein Foto entgeht.

Die Wahl der Fotos dieses Kapitels wurde vor allem vom Wesen des Bildes beeinflußt, nicht davon, einem bestimmten Reiter oder einem bestimmten Pferd den Vorrang zu ge-

Avontuur ist ein belgischer Warmbluthengst, von Jasper abstammend; er deckt zwischen 50 und 60 Stuten im Jahr. Hier wird er vom Belgier J. C. Vangeenberghe beim CSIO Piazza Di Siena 1990 in Rom geritten.
«Dieses Foto erweckt gemischte Gefühle in mir, denn es war nach dem Turnier in Rom, daß Avontuur plötzlich abfiel und daß ich ihn ein Jahr schonen mußte ... es ist aber ein wunderschönes Foto, das beste, das ich je von einem Pferd über dem Sprung gesehen habe. Er springt brillant, er zieht seine Schultern hoch, seine Beine sind gut angewinkelt, seine Ohren sind gespitzt. Er ist ein Siegerpferd, extrem vorsichtig. Dieses Foto zeigt seine Fähigkeiten, zeigt den Avontuur, den man wieder auf der Tournee sehen wird.»

ben. Es war schwierig zu definieren, was ein interessantes Bild ergibt. Ich machte es mir zum Kriterium, die Vielschichtigkeit des Springsports zu beleuchten.

Oben: Shining Example war ein wirkliches Familienpferd, das nicht nur zahlreiche Bewerbe mit Harvey Smith gewonnen hat, sondern auch mit Harveys Söhnen Robert und Steven. Dieses Bild von «Norman», wie sein Spitzname lautet, stammt vom Hickstead Derby Meeting 1986.

«Shining Example war ein feines Pferd. An seinem Tag konnte er jedes Pferd der Welt besiegen. Während zweier Saisons kam er kein einziges Mal von einem Turnier nach Hause, ohne mindestens zwei Bewerbe gewonnen zu haben. Er war einzigartig. Man konnte mit ihm Zeitspringen, einen Grand Prix und das Derby am selben Turnier gewinnen. Er war ein riesiges Pferd mit enorm viel Talent. Er war sehr, sehr schnell. Wo manche Pferde vier Galoppsprünge nahmen, machte er bloß drei. Anfangs war er schwierig zu reiten, aber ich hatte ihn mir bald angepaßt.»

Kilcoltrim war ebenso gut in Puissance- wie in Grand-Prix-Bewerben. Hier wird er vom Irländer Captain John Leddingham in der Piazza Di Siena 1990 in Rom geritten. Das Paar gewann zwischen den Jahren 1986 und 1989 die Puissance bei der Royal Dublin Horse Show viermal hintereinander.

«Rom ist ein phantastisches Turnier mit einer herrlichen Kulisse — mein Lieblingsturnier, ähnlich dem Gefühl, vor heimischem Publikum in Dublin zu reiten. Kilcoltrim war mein Ticket zu den Olympischen Spielen von Seoul. Ich hatte vollstes Vertrauen zu ihm. Sein Mut war unwahrscheinlich. Er war fast zu mutig und somit nicht vorsichtig genug, um 14 Hindernisse eines Grand Prix zu springen. Ich beteiligte mich zur Hälfte mit der irischen Armee an seinem Kauf. Leider erkrankte er an einer Lungeninfektion und mußte eingeschläfert werden ... Wann immer ich an ihn denke, erinnere ich mich an sein riesiges Sprungvermögen und an seine fröhliche Einstellung zum Leben.»

David Broome (GB) und Countryman erreichten beim Grand Prix der RIHS in Hickstead 1992 Platz vier. Countryman ist ein Irländer und ein Halbbruder von Monsanta. Er wurde bei Frank Kernan gekauft. Der größte Erfolg dieses Paares war der vierte Platz in der Einzelwertung der Olympischen Spiele von Seoul.

«Countryman ist gut zu reiten, nur erfordert er vor seinen Bewerben viel Arbeit. Ich muß schauen, daß er vor dem Bewerb absolut richtig geht. Er hat einen wunderschön gleichmäßigen Galoppsprung. Ich reite gerne Hindernisfolgen mit ihm. Er reagiert sehr schnell auf Hilfen. Er spring besser aus einem Rhythmus, das heißt, daß ich ihn im Stechen nie zu sehr auf Zeit reiten kann. Er hat einen beinharten Charakter, sein Anreiten dauerte über sechs Monate. Er ist hart wie Stahl! Was mir an ihm am besten gefällt, ist, wie er beim Abspringen den Boden verläßt. Er hat sehr viel Kraft. Er ist sehr ehrlich. Er paßt auf einen alten Mann ziemlich gut auf.»

Oben: Jappeloups letzter Auftritt 1991 beim CSIO von Spruce Meadows, Calgary, vor seinem Rücktritt. Seine Vorstellung war so gut wie immer. Pierre Durand wird den Verlust seines geliebten Pferdes nie überwinden.

«Calgary 1991 wird ein unvergeßliches, emotionsgeladenes Erlebnis für mich bleiben, da es Jappeloups letzter Auftritt auf höchster Turnierebene war. Jappeloup hat ihn sehr gut gemeistert. Er maß sich immer noch mit den besten Pferden der Welt. Das erfüllte mich mit Freude. Obgleich ich wußte, daß ich ihm 1991 seinen Ruhestand gönnen wollte, fragte ich mich nach seiner Vorstellung, ob es tatsächlich an der Zeit war. Ich war in einem Dilemma, denn tief in meinem Herzen war mir bewußt, daß ich ihn zu einem Zeitpunkt, an dem er noch mitmischen konnte, zurückziehen sollte. Daß er den Tag so abgeschlossen hatte, gab mir den Eindruck, daß er wußte, daß es sein letzter Auftritt war, und das gab ihm den Ansporn, von seinen Konkurrenten mit Stil Abschied zu nehmen.»

Der kleine Grand Prix des CSIO von Rotterdam 1991: Hervé Godignon (FR) und La Belletière konzentrieren sich, aus einer Wendung kommend, auf das nächste Hindernis. Rotterdam war immer ein erfolgreicher Boden für Hervé und La Belletière. «Meine Jahre mit La Belletière gleichen einer siebenjährigen Ehe, einer zum Teil schwierigen Ehe, da sie nicht einfach zu reiten ist. Wir mußten beide daran arbeiten. Wir wurden ein gutes Paar. Meine Karriere fing mit La Belletière wieder an. Sie hat mir enorme Freude, Zufriedenheit und viele Siege gebracht. Sie hat im Vorjahr noch drei oder vier Grand Prix wie Dauville und Betune gewonnen. Sie ist mit Sicherheit ein großer Teil meines Lebens.
La Belletière ist mittlerweile 16, und ich möchte sie am Ende dieser Saison in den Ruhestand stellen. Sie verdient ihre Ruhe, und ich bin der Meinung, daß man Pferde aus dem Sport nehmen soll, bevor sie an Leistung verlieren.
Sie ist eine sehr temperamentvolle und willensstarke Stute, sehr schwierig zu kontrollieren. Sie kann sich in große Schwierigkeiten begeben, aber sie hat zugleich die Fähigkeit, sich in den unmöglichsten Situationen dank ihres Nervenkostüms aus der Affäre zu ziehen. Das mag eine Schwäche sein, es stellt aber zugleich ihre Stärke dar.»

*Die RIHS 1992 in Hick-
stead: John Withaker und
Milton erzielten hinter
Denizen und Tim Grubb
Platz zwei bei einem für
die Olympiaqualifikation
zählenden Bewerb.
«Hickstead ist das beste
Turnier in England.
Wenn Pferde in Hick-
stead gut gehen, gehen sie
auf der ganzen Welt gut.
Es ist für uns Briten ein
guter Platz, um herauszu-
finden, wie gut unsere
Pferde tatsächlich sind.
Es ist ein beeindrucken-
der Platz. Ich erinnere
mich ganz genau an mei-
nen ersten Auftritt in
Hickstead. Ich war da-
mals 13 und ritt im Ju-
nior-Foxhunter-Finale.
Es war ein furchterregen-
der Moment. Als ich
dann älter wurde, war ich
dem Ganzen schon ge-
wachsen. Zu Milton: Er
geht wirklich gut in Hickstead. Er setzt sich voll
ein. Er ist gerne in Hickstead, er liebt die breiten,
festen Hindernisse.»*

Bei ihrem ersten Besuch in Aachen 1990 plazierte sich Emma Jane Brown (GB) mit Gringo an siebter Stelle eines Zeitspringens. Das Paar hat über die Jahre sowohl an Nationenpreisen, Puissancen, Zeitspringen sowie Grand Prix teilgenommen. 1992 ritt Emma Jane ihre Stute Oyster im Nationenpreis von Aachen. Ihr Ergebnis von vier Fehlerpunkten im ersten Durchgang und einem Nuller im zweiten verhalf der Mannschaft zu Platz drei.

«Es hat mich sehr gefreut, daß der Teamchef mich nach Aachen mitgenommen hat! Ich erinnere mich an meinen Ritt durch den See ... ich hatte das Gefühl, eine Ewigkeit im See zu sein, da Gringo einfach nicht galoppieren wollte! Normalerweise geht er alles sehr mutig, ohne Zurückhaltung und ohne Sorge an. Aber weil er noch nie durchs Wasser gegangen war, ging er das Ganze etwas mißtrauisch an. Es war seltsam, ihn treiben zu müssen, wo ich ihn doch sonst immer halten muß! Gringo ist sehr kräftig − er ist wie Arnold Schwarzenegger −, er kommt wieder.»

Oben: Das Paar Hugo Simon (AUT) und Apricot D gewannen bei den Olympischen Spielen von Barcelona 1992 die Silbermedaille im Mannschaftsbewerb.
«Dieses Foto beinhaltet all das, was wir in Barcelona erlebt haben. Es zeigt die Kampfbetontheit und die Einstellung, die wir alle vier an den Tag gelegt haben! Apricot D gibt alles. Er hat alle Qualitäten, die ein Springpferd haben muß: er ist sehr ausgeglichen, im Parcours ein großer Kämpfer; er will einfach siegen, und das ist das, was wir brauchen.»

Links: *Der Schweizer Willi Melliger
und der Holsteiner Corso während
des Grand Prix in Aachen 1989. Das
Paar gewann 1987 sowohl eine
Mannschafts-Bronzemedaille bei der
EM in St. Gallen als auch den nationalen Meisterschaftstitel.*
«*Corso war ein absolutes Ausnahmepferd. Er hat als Acht-, Neunjäh-
riger viele gute Sachen gemacht, er
war unheimlich leistungsbereit und
verfügte über einen großen Siegeswillen. Aber er bekam dann mit den
Beinen Probleme. Er war ein Pferd,
das die Hindernisse immer einen hal-
ben Meter übersprang, und da er ein
relativ schweres Pferd war, hat er
sich selber ein bißchen geschadet.
Jetzt ist er in Irland bei seiner dama-
ligen Pflegerin auf der Weide und genießt dort seinen Ruhestand. Ich ver-
misse ihn sehr, er war eines meiner
besten Pferde überhaupt.*»

*Piazza Di Siena — Schauplatz des CSIO von Rom
1990. Otto Becker (D) und Benjamin waren bloß sechs
Monate beisammen. Ihr bestes Ergebnis war der zweite
Platz beim Hamburger Derby.*
«*In diesem Bewegungsablauf versuche ich das Pferd vor
dem Sprung zu spannen. Ich wirke sehr stark ein und
versuche seine Leistung über dem Sprung zu beeinflussen. Er ist sehr aufmerksam, hat Nase und Ohren vorne
und den Sprung voll im Visier. Eigentlich erinnert mich
Benjamin auf diesem Foto an einen Panther, sehr aufge-
weckt, Blick nach vorne, in Angriffsbereitschaft, in seinem Fall bereit, das Hindernis zu attackieren.*»

Weltmeisterschaft 1990 in
Stockholm: Die Schwedin
Maria Gretzer und Mar-
coville erzielten Platz 35
in der Einzelwertung und
Platz 9 im Mannschafts-
bewerb.
«Stockholm war unser er-
stes wirklich großes Tur-
nier, unsere erste Meisterschaft. Es war ein tolles
Gefühl festzustellen, daß
ich mit Marcoville diese
riesigen Hindernisse
springen konnte! Ich reite
gerne vor heimischem
Publikum. Ich bin in
Schweden mehr gute als
schlechte Parcours gerit-
ten. Marcoville ist eine
unheimlich nervöse Stute.
Es ist nicht offensicht-
lich, aber das ist der
Grund, warum ich sie in
einem Stechen niemals zu
sehr jage. Aber sie ist
beinhart, und es ist ein
wundervolles Gefühl, auf
einem Pferd zu sitzen,
das jeden Parcours der
Welt springen kann.»

Paul Darragh (IRL) und Killelea waren bei weitem die
Schnellsten im Stechen von
King George V. Gold Cup
der RIHS in Hickstead 1992,
nur hatten die beiden einen
Abwurf. Paul übernahm den
irischen Vollblüter im Au-
gust 1990. Die beiden paßten
sich sofort einander an, sie
gewannen in jenem Jahr
gleich die Grand Prix von
Frankfurt und Oslo. 1991
gewannen sie den Grand
Prix der RIHS. Paul und
Killelea nahmen an den zwei
Hickstead Meetings von
1992 als Aufbau zu den
Olympischen Spielen teil.
Bedauerlicherweise starb
Killelea auf der Rückreise
von Barcelona.
«Killelea war ein sehr gutes
Hickstead-Pferd. Wir hatten
Pech, den King George V.
Gold Cup nicht zu gewin-
nen. Er maß 1,80 m, hatte
einen kühnen Galoppsprung
und eine schöne Gangart. Er
war kein Kraftpaket, er
sprang aus seinem Rhyth-
mus. Er war enorm schnell
und machte sehr viel Boden
gut. Es machte Spaß, mit
ihm zu arbeiten. Er hatte
einen eher unorthodoxen
Springstil, doch ich wollte
ihn so springen lassen, wie es
ihm bequem war, anstatt ihn
zu ändern. Er war äußerst
intelligent. Da er ein Vollblüter war, konnte er schnell
nervig werden; man mußte
es rechtzeitig erkennen. Er
war ein nahezu perfektes
Pferd.»

Diese Aufnahme stammt vom Nationenpreis-Meeting 1992 in Hickstead. Im Gegensatz zu Alex ist René Tebbel schon einmal zuvor auf diesem beeindruckenden Turnierplatz gestartet. Die beiden waren vor ihrem Hickstead-Auftritt erst vier Wochen beisammen.
«Wir wußten schon bevor wir nach Hickstead kamen, daß Alex nicht gerne Wassergräben springt ... die ersten zwei Tage, als der Wassergraben in die andere Richtung zu springen war, sprang Alex ihn gut, also entschlossen wir uns, ihn im Nationenpreis einzusetzen. Diesmal führte der Wassergraben aber vom Ausgang weg, und ich spürte schon bei der Landung von der Tripplebare, die sechs Galoppsprünge davor stand, wie Alex zögerte und dann drängte er sofort nach links weg. Alex ist ein ganz schlaues Pferd, schwierig draußen, weil er recht guckig ist. Er weiß genau, was er will, und braucht schon seinen Herrn, der ihn reiten kann.»

Oben: Thomas Frühmann (AUT) und Genius bei den Olympischen Spielen von Barcelona 1992. Die beiden erzielten einen Doppelnuller, was der Mannschaft zur Silbermedaille verhalf. In der Einzelwertung belegten sie Platz 21.
«Genius ist mit Sicherheit ein Pferd für Championate, da man ihn auf den Tag X vorbereiten kann. Aus ihm wird nie ein Seriensieger, wie es z. B. Grandeur war. Er ist vom Nervenkostüm her nicht so einfach zu reiten. Ich war vor Barcelona in Aachen mit ihm gestürzt und konnte kaum trainieren. Es war recht glücklich, daß der Nationenpreis vor der Einzelwertung war und nicht umgekehrt, wie es sonst üblich ist, denn sonst wäre der Saft schon draußen gewesen. Die Witterungsbedingungen machten ihm auch zu schaffen. Er war eigentlich gar nicht so fit, gab aber für den Nationenpreis alles. Er ist ein Pferd, das man schonen muß, mit dem man nicht jeden Tag volles Rohr gehen kann. Er ist relativ einfach zu reiten, wenn man mit seiner übertriebenen Nervigkeit fertig wird. Er ist vorsichtig und hat ein gutes Maul. Im Grunde genommen hat er alles, was ein Klassepferd haben muß.»

Links: Das Wetter war beim CSIO von Aachen 1990 so schlecht, daß das Turnier während der ersten zwei Tage in die Halle verlegt werden mußte. Obwohl sich die Witterungsbedingungen danach verbessert hatten, war der Boden immer noch recht tief. Der Spanier Luis Alvarez Cervera hatte mit Mirage Mexicain bloß einen Abwurf im Nationenpreis. Das spanische Team wurde für die zweite Runde jedoch nicht mehr zugelassen.
«Mirage Mexicain steckte alles, was er besaß, in seine Arbeit. Er hatte ein großes Herz, aber kein Sprungvermögen. Er war nicht das vorsichtigste Pferd. Ehrlich gesagt war er kein Grand-Prix-Pferd. Ich habe ihn aber wegen seines Mutes bewundert. Normalerweise hatte er sich in M-Springen sicherer gefühlt, aber dank seines unerschöpflichen Mutes war es ihm möglich, mit Grand-Prix-Bewerben fertig zu werden. Was Aachen anbelangt: Es ist für das Springreiten das, was die Scala von Mailand für Opernfreunde ist.»

Coleen Brook (AUS) und Meridian beim Anreiten des Wassergrabens, bei dem sie 1992 im CSIO von Hickstead einen ihrer beiden Fehler begingen.
«Hickstead ist für uns Australier ein sehr berühmter Platz. Auf diesem einzigartigen Platz zu reiten war eine wunderschöne Erfahrung für mich. Man muß dort seine Reitweise dem unebenen Boden und der Dimension des Springplatzes anpassen.
Ich war mit Meridian sehr zufrieden. Wenn man mit einbezieht, daß das erst sein zweiter Bewerb auf einem internationalen Springplatz war, ist er mit dem Grand Prix eigentlich sehr gut zurechtgekommen. Es war alles ganz neu für ihn. Der Fehler am Wassergraben war meine Schuld, ich bin zu spät vorwärtsgeritten, er hat dadurch nicht genug Zeit gehabt, seinen Rhythmus zu finden, und wir sind auf dem Band gelandet.
Meridian ist nicht sehr menschenfreundlich. Während eines Bewerbes denkt er sehr gut mit. Er ist nicht schwierig zu reiten. Ich habe ihn mir von der Rennbahn geholt, und er war von Anfang an sehr einfach. Er hat einen sauberen Stil und ist sehr scharfsinnig. Man braucht nicht für ihn zu denken – das kann man ihm überlassen.»

Die Niederländerin Jenny Zoer hatte mit Wendela im Du Maurier Grand Prix von Spruce Meadows 1990 einen Abwurf im Grundparcours. Es war Jennys erster Auftritt in Calgary, ihr bestes Ergebnis war in jenem Jahr ein achter Platz. Die beste Leistung der beiden war jedoch der Sieg im Grand Prix von Modena 1992, als sie den Teamkollegen und gelegentlichen Trainer Jos Lansink mit Egano auf Platz zwei verwiesen.

«Die Parcours in Calgary sind wirklich sehr schwierig, aber ich reite sehr gerne dort, weil mir die Größe des Turnierplatzes sehr liegt. Die Atmosphäre ist dort besonders gut. Das Publikum ist voller Enthusiasmus, besonders wenn Reiter fehlerfrei bleiben.

Ich habe Wendela bekommen, als sie sechsjährig war. Sie war damals tragend. Ich habe sie erstmals im Norden Hollands auf der Weide gesehen, später in einem Video. Sie sah darin so gut aus, daß ich mich entschloß, sie zu testen. Mein erstes Gefühl war, daß sie supervorsichtig war. Wendela hatte einen perfekten Charakter. Sie sprang immer, sie war sehr zuverlässig, man konnte immer mit ihr rechnen.»

Tony Webb (NZL) und Re-
servation gewannen die neu-
seeländische Liga der Volvo-
Weltcup-Serie im Frühjahr
1990. Nach den Reiterspielen
von Stockholm 1990, wo
auch diese Aufnahme her-
stammt, trennten sich die
beiden. Reservation blieb in
Europa, eine Hälfte besitzt
der in England lebende Neu-
seeländer Bruce Goodin, die
andere ein Syndikat. Bruce
meint zu Reservation:
«Mein größter Erfolg mit
Reservation war, als ich im
Du Maurier Grand Prix von
Calgary 1991 hinter Big Ben,
aber noch vor Milton den
zweiten Platz belegte. Reservation ist ein heißer Ofen!
Man muß ganz ruhig auf ihm
sitzen. Er ist ein großes Pferd
mit enormem Springvermö-
gen und ein ehrlicher Typ. Er
versucht immer vorsichtig zu
sein, nur läßt ihn sein Temperament manchmal im Stich.
Er ist ein sensibles Pferd. Er
geht auf großen Turnier-
plätzen wie Hickstead oder
Calgary am besten. Er mag
Fibersand oder künstlichen
Boden, den man bei Hallen-
turnieren hat, überhaupt
nicht. Zusammenfassend
würde ich ihn als gut er-
zogenen alten Gentleman
beschreiben.»

Der Große Preis von Aachen 1988: Helena Weinberg (D) und Just Malone. Sie erzielten im Endklassement Platz sieben.
«Just Malone zu reiten war ein Lottospiel. Entweder man blieb fehlerfrei, oder es war eine Katastrophe. Er war absolut unberechenbar. 1990 gewann er den Grand Prix von Rom, blieb zweimal fehlerfrei im Nationenpreis, und am darauffolgenden Turnier in Wiesbaden blieb er stehen! Er hatte einen impulsiven Charakter. Ich habe noch nie ein talentierteres Pferd geritten, und zugleich bin ich noch nie so oft an einem Turnier von einem Pferd heruntergefallen wie von ihm! Aber ich habe immer an ihn geglaubt. Er war wirklich brillant. Sein Ausschlagen war ein Zeichen von Übermut. Ich wünschte, ich hätte wieder ein Pferd wie Just Malone.»

Johan Lenssens (BEL) und Dalkin hatten beim CSIO in Hickstead 1989 im ersten Umlauf des Nationenpreises einen Abwurf und im zweiten zwei. Obwohl die belgische Mannschaft nicht allzu gut abgeschnitten hatte, war es für Johan doch ein gutes Turnier, da er sich in einem Zeitspringen plazieren konnte. Bedauerlicherweise starb Dalkin 1992 an einem Herzinfarkt.
«Hickstead ist ein beeindruckender Platz. Ich erinnere mich, daß meine Familie mitgekommen war. Mein Vater ging bei der Parcoursbesichtigung mit; er hatte noch nie so große Hindernisse gesehen! Hickstead ist einer der besten Turnierplätze der Welt. Er liegt mir, weil ich gerne galoppiere. Er ist sehr geräumig, und ich habe lange Stangen gern. Aber um in Hickstead mitzureiten, braucht man wirklich gute Pferde, besonders ein schnelles Pferd fürs Zeitspringen. Dalkin hatte im Grand Prix Schwierigkeiten in der dreifachen Kombination und ich mußte aufgeben. Er hatte immer mit Distanzen Probleme. Der Boden ging etwas bergauf und die Abmessung war sehr lang. Dalkin schaffte es nicht, da er immer in die Höhe anstatt mehr nach vorne sprang. Er war auch ein sehr guckiges Pferd, aber ich habe ihn sehr gerne gehabt. Als ich ihn bekam, konnte man ihn nicht in die Nähe eines Wassergrabens bringen. Ich habe ein Jahr gebraucht, um ihn an Wassergräben zu gewöhnen. Ich ritt ihn im Gelände, über zahlreiche komisch aussehende Sachen, von Feld zu Feld und durchs Wasser. Auch wenn es eine Stunde benötigte, ich gab niemals auf, bis er schließlich nachgab und mir vertraute. Wir gewannen dann sogar ein Derby in Belgien. Er war eigentlich einfach zu reiten und ein sehr kraftvolles Pferd.»

Unten: US-Reiterin Joan Scharffenberger und Dominca im CSIO von Rotterdam 1988.
«Dominca war eigentlich immer mein Pferd für Zeitspringen. 1988 mußte ich sie in den großen Bewerben einsetzen, da ich kein anderes Pferd dabei hatte. Das war das erste Mal, daß sie über solch einen großen Parcours gegangen ist. Sie war sehr brav und hatte bloß einen Abwurf. Sie ist mit Sicherheit das vorsichtigste und schnellste Pferd, das ich je besaß! Sie gewann mehr Preisgeld als die Burschen, und meistens verdiente sie deren Spesen, wenn sie nicht so gut in Schuß waren! Ich züchte jetzt mit ihr, sie hat bereits ihr erstes Fohlen zur Welt gebracht. Es sieht ganz wie sie aus — wunderschön.»

1987 waren Joe Turi (GB) und Vital zum ersten Mal in Aachen. Die Briten belegten im Nationenpreis nach einem spannenden Stechen gegen die Amerikaner Platz 2. Vital ist ein Hengst und deckt an die 40 Stuten pro Jahr. Joe reitet ihn kaum mehr. Sein Besitzer Michael Bullman managt seine Laufbahn. Über das Pferd weiß er zu berichten:
«Vital war stets träge. Als Vierjähriger war er nie übermütig, außer beim Springen oder beim Aufsitzen. Ich benötigte immer vier Leute, die mir dabei halfen. Ich konnte es mir nicht leisten, vier Leute zu beschäftigen, so gab ich ihn Joe zu reiten, da er auf ihn aufspringen konnte! Er ist wunderbar zu reiten, so einfach. Er verfügt über eine tolle Persönlichkeit. Wenn er beim Aufzäumen seine Ohren zurücklegt, ist das immer ein Zeichen dafür, daß er in kämpferischer Laune ist. Er ist das gesundeste Pferd, das ich je besessen habe. Ich würde ihn niemals verkaufen.»

Für Nigel Coupe (GB) und Crosby war dies im Jahre 1990 der erste Besuch in Aachen; die beiden hatten ein Superturnier. Sie belegten nicht nur den fünften Platz in diesem Bewerb, sie gewannen auch ein Zeitspringen, in dem sie die größten Reiter der Welt hinter sich ließen.
«In Aachen zu reiten ist einfach außergewöhnlich. Es ist wie ein Traum, der in Erfüllung geht, besonders wenn man zu dem Zeitpunkt erst 19 Jahre alt ist. Die Teilnahme an diesem bestimmten Bewerb, den es nur einmal im Jahr gibt, wo man durch den See reitet, ist ein echtes Abenteuer – ein phantastisches Gefühl. Ich setze Crosby hauptsächlich in Zeitspringen ein. Er hat schon so viele Bewerbe für mich gewonnen. Er ist lustig zu reiten, recht einfach eigentlich, er hat ein großes Herz, er ist unheimlich schnell und letzten Endes versucht er mir immer zu helfen.»

*Links: Der erste Umlauf des Mannschaftsbewerbes bei den Reiterspielen von
Stockholm 1990: Der Schweizer Philip Guerdat und Lanciano begingen einen Fehler
am Wassergraben. Lanciano litt zwischen den zwei Umläufen an Wasserentzug und
war deshalb im zweiten Umgang nicht so gut. Die Schweizer Mannschaft belegte den
siebten Platz.*
*«1988 verhalf Lanciano mir zu meinem Sieg beim CSIO von Dinard. Er war ein sehr
zuverlässiger Wallach. Ich habe ihn in 25 Nationenpreisen eingesetzt und er lieferte
niemals das Streichresultat. Er hatte nur selten zwei Abwürfe, allerdings oft einen! Er
war ein sehr williges Pferd. Ich habe ihn mit viel Freude geritten.»*

*Roger-Yves Bost (FR) und Norton de Rhuys im Grand Prix der Piazza Di Siena 1990
in Rom. «Bosty» und der Wallach gewannen im selben Jahr eine Mannschafts-
Goldmedaille bei der Weltmeisterschaft in Stockholm.*
*«Meine erste Ansicht ist, daß Norton de Rhuys der Beste ist! Sicherlich das beste
Pferd, das ich bis jetzt geritten habe. Er ist ein Energiebündel, vorsichtig und sehr
willig. Er ist mutig und liebt das Siegen genauso sehr wie ich.»*

Der Irländer Eddie Macken hält mit vier aufeinanderfolgenden Siegen 1976 – 1979 den Rekord im Derby von
Hickstead. 1986 war Flights erster und einziger Versuch
im Derby. Das Paar blieb bis zum vorletzten Hindernis
fehlerfrei, warf dann aber die beiden letzten.
«Flight war das ehrlichste Pferd, das ich je geritten
habe. Was ihm an Talent fehlte, machte er mit seinem
Herzen gut. Er sah ausgesprochen schön aus, war sehr
einfach zu reiten und extrem trittsicher. Er wählte jeden
seiner Tritte genau. Der Abgang von der Bank bereitete
ihm keine Schwierigkeiten. Der Abgang ist nur dann ein
Problem, wenn ein Pferd nicht vorsichtig genug ist.
Eine Sache, die ich auf jeden Fall noch vor meinem
Rücktritt machen möchte, ist, nach Hickstead
zurückzugehen und das Derby noch einmal gewinnen.»

Rechts: Michael Whitaker (GB) und Gipfelstürmer während des
Stechens eines großen Bewerbes beim CSIO in Rom 1990. Gipfelstürmer ist mittlerweile in sein Ursprungsland Deutschland zurückgekehrt und hat mit Holger Hetzel eine Partnerschaft geschlossen.
«Gipfelstürmer ist aufrichtig und versucht immer sein Bestes zu geben.
Er ist Monsanta ähnlich, supervorsichtig und sehr schnell. Er verfügt
nicht über das größte Sprungvermögen, aber er kann doch einen großen Nationenpreis und einen Grand Prix springen. Vor allem war er
aber ein wahrer Siegertyp. Er hat viele Bewerbe für mich gewonnen.
1990 gewann er in Rom zwei Bewerbe, und wenn ich mir das Foto so
ansehe, so hat er diesen Bewerb sicherlich gewonnen.»

*Ludger Beerbaum (D)
und Athletico im Grand
Prix von Rotterdam 1991.
«Ich hatte 1991 mit Ath-
letico in Rotterdam ein
sehr gutes Turnier! Er ist
über diesem Sprung ex-
trem aufmerksam! Wenn
Athletico in der richtigen
Stimmung ist, kann er al-
les machen. Er ist aber
etwas phlegmatisch und
will im Gegensatz zu
Classic Touch und Ratina
Z, die jeden Tag bereit
sind, alles zu geben, nicht
jeden Tag mitmachen.
Aber er ist ein großer
Kämpfer. Er ist ein biß-
chen genial und hat, wie
das bei Genies oft der Fall
ist, nicht jeden Tag Lust
daran, seinen Einsatz zu
bringen.»*

Die Briten fingen die Iren, die sie im Nationenpreis bis zu einem Stechen herausgefordert hatten, gerade noch ab. Die Britin Emma-Jane Brown und Oyster hatten im ersten Umlauf einen Abwurf, blieben im zweiten fehlerfrei und ritten im Stechen den alles entscheidenden Nuller, der den Briten den Sieg sicherte.

«In einem Nationenpreis zu reiten ist fabelhaft. Es ist ein großes Privileg. Hickstead ist mein Lieblingsturnier, und ich war sehr stolz darauf, mit David, Michael und John in einer Mannschaft zu reiten. Oyster verfügt über große Fähigkeiten und ein riesiges Sprungvermögen. Wir haben eine tolle Partnerschaft. Es gibt einige gute und erfolgreiche Stuten, sie ist eine davon. Ted Edgar und ich stießen am Ende eines langen Tages, an dem wir zahlreiche Pferde angeschaut hatten, auf sie. Wir hatten damals beinahe unseren Flug versäumt, weil ich sie unbedingt reiten wollte. Ihr allererster Sprung war sehr gut, sehr kraftvoll, besonders ihre Hinterhand. Wenn man mit ihr einen Parcours in Angriff nimmt, weiß man, wieviel Sprungvermögen man im ‹Tank› hat. Das Schönste ist, daß ich sie von jung auf gehabt habe, und daß ich sie selbst bis zum höchsten Niveau gebracht habe. Man kann nie wissen, wie sich ein junges Pferd entwickelt, aber ich kann ehrlich behaupten, daß es mit Oyster wie ein Traum, der in Erfüllung geht, war.»

Henk Hulzebos stammt aus den Niederlanden und wohnt auch dort. Er startet aber dank seiner österreichischen Staatsangehörigkeit für Österreich. Ein Nuller im ersten Durchgang und sieben Springfehlerpunkte im zweiten bedeuteten, daß Henk und Tango B dem Team zum dritten Platz beim CSIO in Rotterdam 1987 verhalfen. Henk bekam Tango B als Fünfjährigen und brachte ihn selbst bis zum Grand-Prix-Niveau. «Rotterdam ist eines der schönsten Turniere, ich würde es gleich hinter Aachen an die zweite Stelle setzen. Die Lage ist ideal, ein wunderschöner Turnierplatz unter den Bäumen, mitten im Wald. Es herrscht immer eine freundliche Stimmung! Tango B war ein Pferd, mit dem man alles springen konnte. Er war sehr sensibel und vorsichtig. Er haßte es, Fehler zu machen. Wenn ihm einer unterlief, bekam er meistens einen Schrekken. Ein Fehler brachte ihn für den Rest des Parcours ganz aus der Ruhe. In diesem Nationenpreis von Rotterdam z. B. warf er im zweiten Umlauf ein Hindernis, bekam Angst und verweigerte am darauffolgenden Hindernis. Er mußte ganz einfach in Stimmung sein. Er war schwierig zu reiten, nicht jedermanns Sache, aber ich hatte ihn sehr gerne.»

Links: Ein Abwurf und ein Viertelfehlerpunkt wegen Überschreitens der Zeit waren der Grund, daß Debbie Dolan (USA) und VIP die zweite Runde des CSIO in Rom 1989 nicht erreichten. Nichtsdestotrotz denkt Debbie gern an Rom zurück: Ihr Ergebnis von acht Fehlerpunkten im ersten Umlauf und einem Nuller im zweiten verhalfen dem US-Team zum Sieg im Nationenpreis.

«In Rom zu reiten war ein überwältigendes Erlebnis für mich. Es war schön, in der Gesellschaft dieser Topreiter zu sein und in einer Stadt voller Kultur und Geschichte zu reiten. Es hat seine Zeit gebraucht, bis ich mich daran gewöhnt hatte! Wenn man mit einbezieht, daß VIP ein Hengst ist, muß man sagen, daß er phantastisch ist. Normalerweise wollen Hengste nichts mit einem zu tun haben, aber er ist sehr menschenfreundlich. Er hat kleine Angewohnheiten. Er spielt mit einem im Stall. Er klaut gerne meinen Schlüsselbund und wirft ihn mir dann zu. Er ist mehr als ein Pferd, er ist mein Freund.»

Nick Skelton und Grand Slam gewannen eine Mannschafts-Bronzemedaille bei den Reiterweltspielen von Stockholm 1990.

«Als ich Grand Slam als Fünfjährigen bekam, hatte er keine großen Veranlagungen, aber er war sehr vorsichtig und er wurde mit der Zeit immer besser. Er hat niemals eine schlechte Erfahrung gehabt, hat sich niemals verletzt und er hat niemals aufgegeben! Er hat immer versucht, sein Bestes zu geben. Er hat ein wunderbares Gemüt gehabt. Bei jedem Turnier mußte ich ihn langsam aufbauen, indem ich ihn am ersten Tag in den kleinen Bewerben ritt, dann in größeren, und nur dann konnte ich ihn im Grand Prix einsetzen. Er war ein aufrichtiges Pferd, einfach zu reiten und durch und durch ehrlich.»

Dank Chin Chins Leistung erreichte das mexikanische Team 1989 im Nationenpreis von Spruce Meadows den dritten Platz. Jaime Azcarraga kaufte den Holsteiner Hengst als Achtjährigen vom deutschen Reiter Achax von Buchwald.

«Chin Chin ist so ein tapferes Pferd! Er ist wirklich schön zu reiten. Wir haben mehr als zehn Volvo-Weltcup-Qualifikationen in Mexiko gewonnen. Ich habe es Chin Chin zu verdanken, daß ich mich dreimal für das Weltcup-Finale qualifizieren konnte, dreimal gewann ich auch die Südamerika-Liga. Sein bester Erfolg war der sechste Platz in der Einzelwertung bei den Olympischen Spielen von Seoul. Es ist toll, ein solches Pferd zu besitzen. Er hat schon viele gute Fohlen gemacht. Auf eines bin ich besonders stolz: Es gewann die internationale Prüfung der Nachwuchspferde in den USA. Chin Chin ist mein Kumpel, mein Freund – ich liebe ihn sehr.»

Oben: Der Spanier Luis Alvarez Cervera und Mirage Mexicain hatten 1988 ihre beste Saison. Sie schafften es sogar bis zu den Olympischen Spielen nach Seoul. Ende 1990 ging Mirage Mexicain zu einem Juniorenturnier nach Italien.

«Rotterdam ist ein erstklassiger CSIO. Ich habe das Turnier sehr gerne. 1988 gewannen wir das Eröffnungsspringen, in dem wir George Morris im Stechen besiegten. Es war ein aufregendes Erlebnis für mich, denn ich hatte nicht erwartet, mit Mirage Mexicain das Stechen zu erreichen, und schon gar nicht, den Bewerb zu gewinnen! Dieser Sieg, gemeinsam mit einem Sieg in Wolfsberg, einem Anlaufturnier für Aachen, waren die Höhepunkte seiner Karriere. Mirage Mexicain hatte viel Mut, aber nicht genügend Power.»

Der Nationenpreis von Aachen 1992: Otto Becker und Lucky Luke trugen zum Heimsieg der deutschen Mannschaft stark bei.

«Aachen ist für uns Deutsche natürlich eine Besonderheit. Mit Lucky Luke in Aachen zu reiten hat mir viel Spaß bereitet, da die Abmessungen da schon mal höher sind, und das war sicherlich die Stärke von Lucky Luke. Er hatte großes Sprungvermögen. Vom Innenleben her ist er allerdings sehr empfindlich. Und weil er sehr langsam galoppiert, hat er nicht die schnellsten Reaktionen. Er ist sehr zuverlässig und gab immer sein Bestes. Er war auf seine eigene Art sehr vorsichtig. Ein sicheres Pferd, das sehr viel Doppelnuller erreichte. Er war über die Jahre immer konstant. Seine Sensibilität bedeutete, daß er eher schwierig zu reiten war. Es mußte stets alles stimmen, und beim Sprung mußte man immer auf den Punkt kommen.»

Der Brite Tim Grubb lebt und reitet an der Ostküste Amerikas. Er brachte Denizen im Frühling 1992 nach Europa, in der Hoffnung, mittels der Ausscheidungsbewerbe in die britische Mannschaft für Barcelona aufgenommen zu werden. Es gelang ihm. Denizen war zu diesem Zeitpunkt siebenjährig. Bis zum Augenblick dieser Aufnahme war noch alles o.k. Die beiden kamen aber bei der Landung zu Sturz und gaben auf.

«Recht viele verschiedene Sachen gingen bei den Olympischen Spielen schief, angefangen mit dem Morgen dieses Bewerbes. Als ich Denizen in der Halle auflockerte, rutschte er aus, kam zu Sturz und bekam einen Schlag, was kein guter Anfang war ... Die Hitze machte ihm auch zu schaffen, und der Boden hatte seine Huflederhaut entzündet. Damit es nicht zu staubig wurde, mischte man Öl in den Boden; dies ergab, daß viele Pferde wunde Sohlen bekamen. Das war meiner Meinung nach auch das Problem von Dollar Girl und Egano. Als Denizen zu diesem Hindernis kam, sprang er so gut ab und so hoch, doch die Breite des Oxers überraschte ihn, er schaffte es einfach nicht. Die Olympischen Spiele kamen wahrscheinlich zu früh für Denizen, es war bis dahin der härteste Wettkampf seiner Laufbahn.»

Der CSIO von San Marino, Modena, auch als Pavarotti-Turnier bekannt, da Maestro Pavarotti Hausherr ist. Heisman hatte beim CSIO 1992 kein sehr gutes Turnier, sein Reiter Michael Matz (USA) gewann aber mit Olisco zwei Zeitspringen. Der Hengst Heisman wurde früher von Landsmann Rodney Jenkins geritten. Michael ritt ihn drei Jahre lang.
«Nach den Anstrengungen der Olympischen Spiele war der CSIO in Modena einfach zuviel für Heisman. Ehrlich gesagt, benötigte er eine Pause, aber da die Amerikaner wegen der Quarantäne in Europa bleiben mußten, ritt ich ihn ein wenig. Heisman war ein Ausnahmepferd. Er konnte manchmal schwierig im Maul sein, das war auch sein einziges Problem. Das war auch der Grund, warum ich bei den Olympischen Spielen in Schwierigkeiten geriet. Er war während unserer Ausscheidungskämpfe für Barcelona sehr beständig. Er hat sieben Grand Prix für mich gewonnen.»

Mark Todd (NZL) und Double Take belegten im CSIO von Hickstead 1991 hinter Milton den zweiten Platz.
«Hickstead ist ein erstklassiger Austragungsort. Auf diesem Turnierplatz zu reiten ist einfach ein mitreißendes Erlebnis. Das war der erste große Grand Prix für Double Take. Ich war etwas besorgt um ihn, aber er hat es bravourös gemeistert! Er ist eigentlich einzigartig, nicht nur weil er Traberblut in sich hat und einen seltsamen, aber sehr bequemen Galopp besitzt, sondern weil er auch ein problemloses Pferd ist. Er hat eine großartige Persönlichkeit. Er kann im Stall etwas frech sein, aber solange er sein Futter hat, ist er zufrieden! Er ist vollkommen ehrlich.»

Das niederländische
Team war 1992 in Aachen
wirklich nicht gut in
Schuß. Es lag nach dem
ersten Durchgang im
Nationenpreis an siebter
Stelle und wurde für die
zweite Runde nicht mehr
zugelassen. Piet
Raymakers und Ratina Z
warfen beide Hindernisse
der Wassergraben-
Kombination.
«Am Aachener Turnier-
platz zu reiten ist ein
wunderbares Gefühl.
Man braucht aber
wirklich ein Superpferd
wie Ratina Z, ansonsten
kann die Woche eher lang
werden.
Ratina Z war mein erstes
Spitzenpferd. Zuerst war
sie wild. Sie hatte das
Sprungvermögen und die
Qualität, nur war sie
schwierig zu bändigen.
Ich gewöhnte mich an sie,
und sie vertraute mir von
Mal zu Mal mehr. Sie
setzte sich stets für mich
ein, selbst wenn sie müde
war. Sie ist eine wahre
Frau. Sie war immer auf
meiner Seite. Sie dachte
niemals, daß etwas
unmöglich sei. Sie gab
mir einfach alles.»

Anne Kursinski (USA) ritt Cannonball 1991 zum ersten Mal in Aachen. Sein erster Anblick der Strecke, die traditionsgemäß über Wälle, Gräben und durch den See führt, überraschte ihn sichtlich. «Cannonball gewann den allerersten Bewerb, ein Zeitspringen in jenem Jahr. Trotzdem war ich etwas besorgt, daß er für diesen bestimmten Bewerb etwas zu unerfahren war, und so ritt ich den überbauten Graben mit recht viel Druck an. Cannonball sah den Graben erst im letzten Augenblick und verlor den Mut. Zu dem Zeitpunkt dachte ich: ‹Jetzt hat er sich wirklich einen Schrecken geholt, wie bekomme ich ihn nun bloß darüber?› Als ich das Hindernis nochmals anritt, sprang er es jedoch wunderschön.»

Mißgeschicke

Um eine Zehntelsekunde eines Bewegungsablaufes zu verewigen, muß man das Glück haben, im richtigen Moment am richtigen Ort zu sein. Vorahnung, eine Sache, die mit Erfahrung eng verbunden ist, spielt sicherlich auch eine Rolle. Und wie bei so vielem im Leben trägt eben das gewisse Quantum Glück seinen nicht zu unterschätzenden Anteil bei. Ich möchte gleich vorwegnehmen, daß wenn ich bei einem Turnier fotografiere, ich mir niemals ein Hindernis aussuche, an dem Pferd und Reiter zu Sturz kommen könnten. Mein Hauptziel ist, Pferd und Reiter in ihrer harmonischen Pracht zu zeigen. Ich möchte immer beweisen, in welch spektakulärer Art und Weise das Siegespaar die Schwierigkeiten eines Parcours bewältigt. Wenn man Topreiter fotografiert, ist es aber klar, daß die Hindernisse und die Probleme, die auf die Reiter zukommen, alle sehr anspruchsvoll sind. Alles kann überall passieren. Stürze, Verweigerungen, Mißgeschicke kommen eben vor.

Ich erinnere mich, daß ich, als ich mit der Pferdefotografie begann, Schwierigkeiten hatte, den Auslöser zu betätigen, wenn ich etwas Beunruhigendes im Objektiv sah. Wenn ich eine Military fotografiere, suche ich immer nach einem Hindernis, an dem das Pferd sich schön fliegen läßt, damit ich sowohl den Charakter des Hindernisses als auch die von Pferd und Reiter erforderliche Leistung zeigen kann. Ich finde es interessant zu zeigen, wie ein Pferd sich bei einem Bergabsprung voll streckt. Eines Tages stellte ich mich zu solch einem Hindernis. Viele Pferde sprangen es wunderschön. Ich war bis zu diesem Zeitpunkt mit meinen «Fängen» zufrieden. Als am späten Nachmittag der Bewerb

seinem Ende zuging, verfolgte ich mit meiner Kamera eine Teilnehmerin, die sich dem Hindernis näherte. Plötzlich sah ich, wie mutig das Pferd absprang, es streckte sich wie keines der anderen Pferde. Ich knipste den riesigen Satz und als ich das Paar weiterhin mit meinem Objektiv verfolgte, sah ich die Reiterin bei der Landung die Kontrolle verlieren

und sah das Pferd geradeaus in einen Pfosten prallen und schwer stürzen. Ich warf die Kamera zu Boden und raste dem Pferd zu Hilfe. Das Pferd lag auf der Seite und versuchte, krampfhaft nach Luft zu schnappen. Ich löste den Sattelgurt und nach einiger Zeit krabbelte es hoch. Die Reiterin stand unter Schock, als sie bemerkte, daß ihr Pferd sich einen offenen Beinbruch zugezogen hatte. Es war ein tragischer Moment: Die Verletzung war so schlimm, daß das Pferd auf der Stelle den Gnadenschuß bekam. Ein beinharter Fo-

Der Österreicher Thomas Frühmann und Cornado beim Eröffnungsspringen des Spruce Meadows Masters 1990.
«Cornado war ein superbraves Pferd. Ich bin alles Mögliche mit ihm geritten, österreichische Meisterschaft, Grand Prix, Mächtigkeitsspringen, Zeitspringen. Außerdem hat er kein einziges Barrierenspringen verloren. Er war ein Superpferd für mich. Ich kann mich beim besten Willen nicht daran erinnern, daß er jemals stehengeblieben ist, woran ich mich aber erinnere, ist, daß der Boden in dem Jahr am ersten Tag besonders rutschig gewesen ist.»

tograf hätte das ganze Ereignis vielleicht fest-gehalten – ich konnte es nicht.

Ich bin immer noch nicht genügend abge-härtet, wenn es darum geht, diesen kleinen Knopf im Augenblick eines ungewöhnlichen Geschehens zu betätigen. Oft ertappe ich mich dabei, nicht abzudrücken, wenn ich be-merke, daß ein Pferd nicht gut abspringt.

Wegen dieses Reflexes habe ich es schon oft versäumt, Stürze oder komisch aussehende Situationen festzuhalten.

Dieses Kapitel besteht allerdings aus eini-gen Fotos, die mir doch gelungen sind. Sie dokumentieren Momente, in denen etwas da-nebengegangen ist. Ich kann jedoch mit Zu-friedenheit vorwegnehmen, daß keine der

Die finnische Reiterin Katie Hurme und Vancouver bei ihrem Auftritt im Volvo-Qualifikations-bewerb des vorweih-nächtlichen Turniers in der Olympiahalle von London im Dezember 1990.
«Vancouver war bis zum vorletzten Hindernis noch fehlerfrei, warf die-ses aber, das Publikum schrie auf. Vancouver be-kam etwas Angst, da die Zuseher ganz nah am Ge-schehen sitzen. Das letzte Hindernis stand drei Ga-loppsprünge hinter dem vorletzten, aber Vancou-ver legte einen vierten ein; obgleich er zu nah an den Sprung herangekommen war, sprang er doch ab und machte Kleinholz daraus . . . wir kamen mit acht Fehlerpunkten ins Ziel. Er ist eigentlich ein Derbypferd. Obwohl er wenig Verstand hat, möchte er immer sein Bestes geben.»

folgenden Episoden ein dramatisches Ende gehabt hat. Als ich den Reitern die Fotos zeigte, war ich neugierig herauszufinden, was in diesen Augenblicken tatsächlich schiefge-gangen war.

*Robert Smith ist Halb-
besitzer des irischen Wal-
laches Silver Dust. Zum
Zeitpunkt dieser aufge-
nommenen Folge beim
CSIO in Rotterdam 1991
waren die beiden zwei
Jahre zusammen.
«Normalerweise bleibt
Silver Dust eigentlich
nicht stehen − er ist in
der Regel recht brav −
hier war ich aber etwas zu
weit weg vom Sprung. Es
war wirklich nicht seine
beste Woche. Er war ganz
einfach nicht in Form. Er
ist nicht einfach zu reiten.
Dadurch, daß er so breit
ist, fühlt er sich etwas
seltsam an. Er kann sehr
heftig werden und mit
einem ein wenig durch-
brennen. Er ist ein echtes
Kraftpaket, aber kein
wirkliches Siegerpferd,
weil er nicht schnell ge-
nug ist. Sprungvermögen
hat er allerdings genug.
Er ist etwas verrückt,
aber ich habe ihn von An-
fang an gerne gehabt. Ob
Sie es glauben oder nicht,
er ist im Grunde genom-
men ein sehr zuverlässiges
Pferd!»*

Während des kleinen Grand Prix, der nicht zur EM von St. Gallen zählte, hatte der Brasilianer Nelson Pessoa Mühe, einen Sturz zu vermeiden, als Lasall in Schwierigkeiten geriet. «Lasall hatte mit seinem rechten vorderen Hufbeschlag Probleme, so befestigten wir einen Stahlreifen, der sich auf der Seite zuschrauben läßt, um seinen Huf. Als ich ihn für den Bewerb aufwärmte, spürte ich, daß er nicht ganz in Ordnung war. Er wirkte auch müde. Ich dachte, es sei auf den Zustand des Bodens, der einem tiefen, nassen Kartof-

felacker glich, zurückzuführen. Ich trabte ihn auf ebenem Boden, und er schien o.k. zu sein. Man rief mich zum Turnierplatz hinunter, ich ritt ein, und über die ersten paar Hindernisse wirkte er noch immer müde. Dann kam Hindernis Nummer fünf, die zweifache Kombination. Dieses Foto ist der Aussprung. Beim Absprung fing er in der Luft an zu strampeln, ich lehnte mich nach hinten, gab ihm seinen Hals frei, damit er sein Gleichgewicht behalten konnte. Er kam nicht zu Sturz. Zu diesem Zeitpunkt verstand ich, daß er mir etwas sagen wollte, und gab auf. Später waren sowohl seine Sehne als auch sein Fesselgelenk

ganz geschwollen, und ich dachte, daß er sich den Schaden um Abreiteplatz zugezogen hatte. Ein Pferdepfleger, der vor Jahren für mich gearbeitet hatte, war anwesend. Er machte uns darauf aufmerksam, daß der Stahlreifen vielleicht zu eng befestigt worden war und daß das Blut dadurch nicht bis zu seinem Huf fließen konnte, was den Huf ohne Gefühl läßt. Wir nahmen den Reifen sofort ab, und binnen 48 Stunden war nichts mehr geschwollen. Das arme Pferd hat in seinem rechten Vorderhuf absolut nichts gespürt ... dies beweist auch Lasalls Mut, er gab immer sein Bestes für mich.»

Der Belgier Eric Wauters ritt 1988 zum dritten Mal die Hickstead-Derby-Bank hinunter. Für den kleinen Hengst Prins Drum war es allerdings das erste Mal.
«*Prins Drum hatte noch nie in seinem Leben solch eine hohe und steile Derby-Bank gesehen. Er ist ein mutiges kleines Pferd und deshalb sprang er von ganz oben ab. Das Gefühl war steil und schnell! Ich hatte keine Zeit nachzudenken, was passiert war. Normalerweise muß man schauen, daß man sein Pferd vor dem Abgang unter Kontrolle hat, aber in diesem Fall war Prins Drum so mutig gewesen, daß er mir die Hand nahm, und ab ging's! Er landete auf seinen Knien und stand sofort auf. Wir hatten unser Gleichgewicht und überhaupt alles verloren! Schließlich, ich weiß zwar nicht wie, gelang es mir doch, oben zu bleiben, und wir machten weiter.*»

Hopscotch ging 1991 auf eigene Art die Hickstead-Bank hinunter, ohne John Whitaker dabei zu verlieren.

«Hopscotchs Hinterbeine rutschten plötzlich nach hinten aus, und so hatte er seinen Halt verloren. Zum Glück kam er nicht ganz zu Sturz, er kam wieder hoch. Ich hatte Glück, oben zu bleiben. Ich ritt eine Tour, sprang den darauffolgenden Steilsprung und ritt weiter. Es war erst im Stall, als wir die Gamaschen abgenommen hatten, daß wir bemerkten, daß er sich unter der Gamasche verletzt hatte. Gott sei Dank war es nicht zu bösartig. Ich habe Hopscotch sehr gerne, er ist ein sanftes, feinfühliges Pferd.»

Große Partner

Der Erfolg jeder Partnerschaft, sei es zwischen zwei Menschen oder zwischen Kreaturen verschiedener Herkunft, funktioniert nach gleichen Prinzipien. Nachdem wir eine gewisse Anziehung füreinander verspürt haben, müssen wir versuchen zu verstehen, in welcher Art und Weise die Psyche unseres Partners funktioniert. Manche Reiter fühlen sich zu einem bestimmten Pferd enorm hingezogen. Dies ist ein naheliegender Anfangspunkt für jede Beziehung. Wenn ein Reiter einen gewissen Grad an Anziehung für ein bestimmtes Pferd festgestellt hat, befaßt er sich mit dem zweiten Schritt, nämlich herauszufinden, was dieses Individuum bewegt. Der Reiter versucht in die Denkweise des Pferdes einzudringen. Er arbeitet mit der Mentalität des Pferdes und versucht die Persönlichkeit des Pferdes zu verstehen, um eben dieses bestimmte Extra aus dem Pferd herauszuholen.

Manche Pferde, meist die ganz außergewöhnlichen, sind die, die besonders schwierig sind und über einen starken Charakter verfügen. Ein Reiter, der eine besondere Beziehung mit solch einem Pferd aufbauen will, muß versuchen, diese Schwierigkeiten vorteilhaft auszunützen. Er versucht einen Weg zu beschreiten, der ihn auf dieselbe Wellenlänge wie die des Pferdes bringt. Eine Partnerschaft bekommt ihre Größe nur, wenn sich beide Denkweisen finden und wenn der Reiter die technischen Möglichkeiten des Pferdes versteht und respektiert. Das gleiche passiert bei Menschen: Es funkt. Zwei Individuen werden beste Freunde und entwickeln gegenseitigen Respekt. Aber alle Bemühungen, den anderen zu verstehen, kommen nicht nur vom Reiter. Auch das Pferd bemüht sich, den Reiter zu verstehen. Eine große Partnerschaft profitiert immer davon, wenn das Pferd der Denkrichtung des Reiters folgen kann.

Dazu kommt noch, daß ein Reiter immer wissen muß, wann er das Pferd in Ruhe lassen soll. Er muß einsehen, bis zu welchem Grad er die Eigenarten eines Pferdes tolerieren soll. Er muß ein Gefühl entwickeln, um abzuschätzen, wann er seinen eigenen Stil beim Pferd durchsetzen und wann er den des Pferdes akzeptieren soll. In einer außergewöhnlichen Partnerschaft berücksichtigt jeder Gefährte das Auftreten von schlechten und guten Tagen. Partner erkennen dies und wissen, was sie im gegebenen Moment voneinander verlangen können. An manchen Tagen kann es Streit geben, an anderen ist man ganz verliebt und alles scheint möglich! So subtil dies auch sein mag, man entwickelt ein Gefühl dafür. Man erkennt einfach die Stimmungen des Partners und arbeitet an einem schlechten Tag *um diese herum,* und an einem guten Tag *mit ihnen.*

An einem guten Tag kann man Dinge erreichen, die man niemals für möglich gehalten hätte. Mit einem besonderen Partner kann man Ziele erreichen, von denen man wahrscheinlich bloß geträumt hat. Der holländische Springreiter Piet Raymakers hat gesagt, daß er immer gewußt hätte, daß er eines Tages eine Medaille gewinnen würde, daß es bloß eine Frage von Zeit und Geduld sei, den richtigen Partner zu finden. In der Stute Ratina Z hatte er die perfekte Partnerin gefunden. Sie gewannen Mannschaftsgold und Einzelsilber bei den Olympischen Spielen von Barcelona.

Was bewegt ein Pferd dazu, seinem Reiter alles zu geben? Es kann sich nur um eine Reaktion handeln, die auf gegenseitigem Vertrauen beruht. Wenn ein Pferd einmal seinem Reiter vertraut, entwickelt es sich und blüht auf; und wenn der Reiter an die Fähigkeiten seines Pferdes glaubt, kann er das notwendige Vertrauen, das vorhanden sein muß, um Großartiges zu leisten, finden. Wenn das Pferd spürt, daß sein Reiter nicht der mutigste ist, wird es des öfteren vor einem Hindernis verweigern, aber wenn der Reiter waghalsiger ist, wird er damit den Mut des Pferdes eher erwecken. Nick Skelton sagt, daß er Apollo oft herausgefordert hat und daß Apollo nur dann sein Bestes gegeben hat. In einer großartigen Partnerschaft kann man oft eine Parallele zwischen dem Charakter des Reiters und dem des Pferdes erkennen. Mit dem Gleichgewicht zwischen Anerkennung und richtigem Lenken locken Pferd und Reiter das Beste aus sich heraus.

Dieses Kapitel ist neun großen Partnerschaften gewidmet, die sowohl den Springsport bereichert als auch zahlreiche Fans in aller Welt begeistert haben.

Jos Lansink und Libero

Jos kam am 19. März 1961 in Holland zur Welt. Sein Einstieg in die Pferdewelt war ein Shetlandpony, das sein Vater für die drei Kinder eines Tages nach Hause brachte. Jos war erst drei Jahre alt, als er sich zum ersten Mal auf das Pony setzte. Er war der einzige der Familie, der sich in Pferde verliebte und

nahm das Reiten ernst. Mit acht ritt er schon sein erstes Turnier.

Er wurde holländischer Meister der ländlichen Reiter mit Surprise, einem Pferd, das unter Rob Ehrens danach international noch große Bewerbe gewann. Seit 1982 ist Jos im Stall von Hans Horn, dem bekannten Pferdehändler und erfolgreichen Trainer der holländischen Springreitermannschaft. Sein Durchbruch gelang ihm, als er 1988 mit Felix den kleinen Grand Prix von Rotterdam gewann. Jos und Felix vertraten dann im selben Jahr auch ihr Land bei den Olympischen Spielen von Seoul, wobei sie in der Einzelwertung den siebenten Platz belegten. Jos wurde holländischer Meister der Jahre 1990, 1991 und 1992, er gewann bei der Europameisterschaft von Rotterdam 1989 die Bronzemedaille in der Einzelwertung, 1991 eine Mannschafts-Gold- und eine Einzel-Silbermedaille bei der EM von La Baule sowie 1992 die Goldmedaille mit der Mannschaft bei den Olympischen Spielen in Barcelona.

Jos ist ein sehr ruhiger, feinfühliger und besonders talentierter Reiter, der den Anschein gibt, sich regelrecht mühelos auf alle möglichen Pferde einstellen zu können, und daher mit ihrer vollen Mitarbeit und ihrem Vertrauen belohnt wird. Er genießt das Zureiten und Schulen junger Pferde und wünscht sich mehr Zeit dazu. Sein voller Turnierkalender läßt aber weder genügend Zeit für das Training junger Pferde noch für sein Lieblingshobby Fußball. Aber das Siegen in großen Bewerben gibt Jos viel Befriedigung, und er gibt zu, daß sein Erfolg zum Teil auf dem guten Verständnis zu seinem Trainer Hans Horn beruht, der ihn schließlich auch mit dem nötigen Pferdematerial ausstattet. Jos und Libero waren bis zum Zeitpunkt der Weltspiele von Stockholm 1990 bereits vier Jahre beisammen. Einschließlich Großer Preise und Volvo-Qualifikationsbewerbe gewannen die beiden über 20 wichtige Bewerbe. In Stockholm belegte das Paar den elften Platz des Einzelklassements.

«Ich erinnere mich, daß die Parcours gigantisch waren! 1990 fing nicht ganz so gut an für mich, da mein großer Partner Felix, den ich normalerweise nach Stockholm genommen hätte, verkauft wurde ... obwohl Libero schon einige Grand Prix gewonnen hatte, war er damals doch nur mein Zweitpferd. Aber Libero ging wirklich phantastisch dort, er blieb in der letzten Qualifikationsprüfung vom Samstag fehlerfrei. Das war der schwierigste Parcours, den er je zu springen hatte. Er gab mir ein tolles Gefühl! Libero ist ein echter Kämpfer, sehr gut im Kopf, und wenn er ausschlägt, wie er es manchmal tut, dann ist er wirklich in Hochform. Ich glaube, daß das Hengste aus Verspieltheit tun. Ich gewinne auch gerne, aber man muß es gemeinsam mit dem Pferd machen, allein kann man es nicht.»

Nick Skelton und Apollo

Nick Skelton wurde am 30. Dezember 1957 geboren und ist in der Grafschaft Warwickshire zu Hause. Seine Reiterlaufbahn begann mit Ponys, sein erstes bekam er, als er knapp drei Jahre alt war. Als Teenager setzte er sich in den Kopf, Hindernisrennjockey zu werden, und so vergingen im Winter Stunden, in denen er vor dem Fernseher Hindernisrennen verfolgte. Als er im Sommer 1973 zum ersten

Mal mit seinem Pony zu Ted Edgar ging, hatte er keineswegs die Absicht, sich dem Springreiten ernsthaft zuzuwenden. Aber Ted Edgar erkannte Nicks Talent und schlug Nicks Vater vor, er solle seinen Sohn zum Training zu ihm schicken. Nick ging also hin und blieb 12 Jahre. Mit 28 entschloß er sich, den Stall Edgar zu verlassen und sich selbständig zu machen, ehe es zu spät war. Die Jahre bei den Edgars waren für Nick sehr prägend, und obwohl er dort ins tiefe Wasser geschmissen wurde, kämpfte er sich hinauf und errang eine phantastische Anzahl an Titeln.

Seine Siegesserie begann 1974 mit einer Silbermedaille in der Mannschaft bei den Europameisterschaften der Junioren. Im darauffolgenden Jahr verbesserte er dieses Resultat, indem er bei den Junioren-Europameisterschaften Gold in der Einzelwertung gewann.

Der Schritt zu den Senioren verlief reibungslos, und das Glück blieb ihm stets treu. Nick wurde ein ständiges Mitglied der triumphierenden britischen Mannschaft, die Europa- und Weltmeisterschaftsmedaillen sammelte. Im Jahr 1980 übernahm Nick den in Holland gezogenen Wallach Apollo, der bis dahin von Geoff Glazzard geritten wurde, und so entstand zwischen den beiden, bis zu Apollos Verabschiedung während des Hickstead Derby Meetings 1992, eine nicht nur außergewöhnliche, sondern auch unheimlich erfolgreiche Partnerschaft. Die Liste ihrer größten Errungenschaften sieht folgendermaßen aus: zweifache Grand-Prix-Sieger von Hickstead, Dublin und Aachen; Grand-Prix-Sieger in New York, Toronto, Barcelona; Weltcup-Qualifikationssieger in New York; zweifache Sieger des Hickstead Derby, des Derby von Jerez; Sieger unzähliger Puissancen, darunter Dublin zweimal, Wembley, New York, Toronto. Das Paar gewann auch Mannschaftssilber und Bronze in der Einzelwertung bei der Weltmeisterschaft in Aachen 1986. Weiter gewannen sie 1987 Mannschaftsgold und Bronze in der Einzelwertung bei der Europameisterschaft von St. Gallen. 1989 gewannen sie eine weitere Mannschafts-Goldmedaille bei der Europameisterschaft in Rotterdam. Nick beschreibt Apollo als einen großartigen Allrounder, da die beiden auch zahlreiche Zeitspringen gewannen, darunter den Speed Grand Prix in Calgary und mehrere Zeitspringen anläßlich des CSIO-Meetings in Rom.

Aber Nicks Karriere war nicht immer so glorreich, wie es klingt. Er mußte Enttäuschungen wie das Aussteigen seines Sponsors und die traurigen Verluste zweier seiner treuen Siegerpferde, Airborne und J Nick, hinnehmen. Aber gerade in solchen Momenten scheint Nick mit der unglaublichen Gabe gesegnet zu sein, in sich gehen zu können und tief in seine Seele zu greifen, um Kraft und

Optimismus zu schöpfen. Er lebt nach der Philosophie, daß «man im Leben nie wirklich aufgeben darf. Man muß stets nach vorne schauen, um das Beste aus dem, was man hat, herauszuholen».

Nick ist außerordentlich tapfer, er demonstriert seine furchtlose Liebe für Tempo, wenn er Hindernisse in hoher Geschwindigkeit angeht, getragen von einem genauen, klaren und genialen Siegeswillen. Er weiß einfach nicht, was Aufgeben bedeutet. Nach seinen Gefühlen für Apollo befragt, antwortete er: «Das erste, das mir einfällt, wenn ich an Apollo denke, ist sein riesiges Herz! Er war ein wirklich guter Sieger. Er konnte das schnellste Zeitspringen gewinnen, Puissancen, Große Preise, und Doppelnuller in Nationenpreisen hinlegen. Kein anderes Pferd hätte das je geschafft. Er erkannte große Ereignisse und steigerte sich auf großen Turnierplätzen wie Hickstead, Dublin, Aachen und Calgary.»

«Zu Beginn ritt ich ihn gar nicht so gerne, denn er war so anders als die Pferde, die ich bis dahin geritten hatte. Ich war Pferde gewohnt, bei denen ich die Kontrolle hatte, die ich beherrschen konnte. Aber bei Apollo war es so, daß *er* das Geschehen beherrschte und

letztendlich machte ich mit und lernte ihn zu reiten! Ich schloß ihn immer tiefer in mein Herz. Er war ein sicheres Pferd, weil er sehr ehrlich war. Geistig war er großartig, wenn man mit dem Gedanken zu siegen zu einer Veranstaltung kam, ließ er einen nur selten

im Stich. Man mußte Apollo herausfordern, je größer die Hindernisse waren, desto besser wurde er. Es war reiner Mut, verbunden mit Fähigkeit.»

John Whitaker und Milton

John Whitaker wurde am 5. August 1955 in eine Farmersfamilie in West Yorkshire hineingeboren. Er ist der älteste Sohn unter vier Kindern, und gemeinsam mit seinem Bruder Michael ist er einer der vollendetsten Reiter in der Welt des Springsports. John hat eine derart natürliche, instinktive und intuitive Verbindung zu den Pferden, die er reitet,

daß man leicht zu dem Schluß kommt, daß er einfach dazu geboren wurde, eine erfolgreiche Persönlichkeit in seinem auserwählten Sport zu sein. Johns Vater Donald erzählte mir einmal eine Geschichte, die Johns angeborenes Talent beleuchtet: Ein benachbarter Farmer brachte Donald eines Tages ein Pferd, von dem er behauptete, daß es einfach nicht an einem spukhaft aussehenden Zaun, der an die Whitakerfarm grenzte, vorbeizureiten war, ohne daß es sich kerzengerade aufbäumte, sich um seine eigene Achse drehte und in die entgegengesetzte Richtung schoß! John war damals noch klein, und ohne ihm zu erzählen, daß das Pferd ein Problem hatte, sagte Donald zu John, er solle sich auf das Pferd setzen, es aus dem Hof und an diesem Zaun vorbeireiten. Ohne zu überlegen, stieg John auf das Pferd und ritt ganz einfach aus dem Hof und an dem Zaun vorbei. Das Pferd zuckte nicht einmal zusammen. Der Farmer wollte seinen Augen nicht trauen! Niemals zuvor hatte sich dieses Pferd so gut benommen! Donald und der Nachbar befragten John, ob er irgendeinen Widerstand vom Pferd gespürt hatte, als sie sich dem Zaun näherten, und was er da oben gemacht hatte? John ant-

wortete trocken: «Nein. Warum? Ich bin halt oben gesessen. Ich weiß nicht, was ich getan habe.» Diese kleine Geschichte zeigt deutlich, wie mühelos John auf die Pferde, die er reitet, beruhigenden Einfluß hat.

Seit 1975, dem Jahr, in dem er zum ersten Mal einen Nationenpreis bestritt, steuerte John wesentlich zu den britischen Turniererfolgen bei. 1976 wurde er gemeinsam mit seinem exzentrischen Partner Ryans Son britischer Meister. Unter anderem gewannen die beiden 1980 die Silbermedaille sowohl im Mannschaftsbewerb als auch in der Einzelwertung bei den Ersatzspielen in Rotterdam. (Alle führenden Nationen boykottierten die Olympischen Spiele in Moskau). 1984 verhalf Ryans Son John zu einer Mannschafts-Silbermedaille bei den Olympischen Spielen von Los Angeles.

Im darauffolgenden Jahr fand ein anderer Superstar, diesmal in der Gestalt von Milton, den Weg in Johns Stall. Die beiden gewannen unzählige Titel, unter anderen: sieben Weltcup-Qualifikationsbewerbe, zwei Volvo-Weltcup-Finals, Mannschaftsgold und Einzelsilber bei der Europameisterschaft von St. Gallen 1987, Mannschafts- und Einzelgold bei der Europameisterschaft von Rotterdam 1989, Mannschaftsbronze und Einzelsilber bei den Weltspielen von Stockholm 1990 sowie Mannschaftssilber bei der Europameisterschaft in La Baule 1991. Milton ist bis dato das einzige Pferd, das über eine Million Pfund Preisgeld gewonnen hat.

Auf die Frage, was er gefühlt hatte, als er in Rotterdam zweimal Gold gewann, antwortete er in seiner ruhigen, humorvollen Art: «Ich lag in Führung, und Michael war der letzte Starter. Ich wußte, ein Abwurf von ihm und ich gewinne. Ich wollte die Stange wirklich nicht fallen sehen ... aber ich wollte siegen. Das war ein komisches Gefühl! Das Hauptziel war, daß wir den ersten und den zweiten Platz belegen würden. Einige Jahre

zuvor in Dinard lagen wir, vor dem Finalbewerb, auch an erster und zweiter Stelle, aber dann verloren wir beide ... so sagten wir uns, solange wir Erster und Zweiter bleiben, ist es egal, wer gewinnt.»

«Ein Pferd wie Milton zu haben, macht meinen Job viel leichter. Es ist ein Vergnügen, ihn zu reiten! Er liebt seine Arbeit, und wenn er mitmacht, dann erleichtert es das Leben so sehr. Am besten springt er, wenn er frisch ist, und je fitter er ist, um so besser springt er, und darum versuche ich ihn auch so zu halten. Ich versuche ihn für die besten Turniere und die besten Bewerbe zu schonen und halte ihn frisch und munter. Ich beobachte, wie er sich fühlt, und sollte er müde werden, lasse ich einige Turniere aus. Milton ist jetzt 16, das beste Alter für ein Pferd ist zwischen 11 und 13, und ehrlich gesagt, fühlt er sich nicht älter an; wenn es sein Tag ist, gibt er einem das gleiche tolle Gefühl.»

«Barcelona mag für ihn etwas zu spät gekommen sein. Die drei erstplazierten Pferde waren alle zwischen acht und zehn. Ich machte im letzten Parcours einen Fehler, ich unterschätzte die Größe des Hindernisses, der Absprungspunkt war etwas zu weit weg, aber vor vier oder fünf Jahren wäre er es wahrscheinlich doch gesprungen.»

«Ich erinnere mich an meinen allerersten Sprung mit Milton. Ich wußte, daß er besser als der Durchschnitt war, ich hatte zwar keine Ahnung, wie gut, aber schon alleine die Art, in der er den Boden verließ, gab mir seine Kraft zu spüren! Er ist ein Pferd, das mir mehr Entschlossenheit gibt, weil man direkt spürt, wie sehr er die Atmosphäre von z. B. Göteborg liebt, wo er vom Publikum verehrt und vergöttert wird. Es gibt mir mehr Vertrauen. Ich weiß, daß wir das Publikum hinter uns haben und daß Milton sich deshalb besonders anstrengt. All das gibt einem mehr Ansporn. Ich erachte es als wahres Privileg, daß man ihn mir zur Verfügung gestellt hat.»

Ludger Beerbaum und Classic Touch

Ludger Beerbaum, Olympiasieger von Barcelona 1992, kam am 26. August 1963 zur Welt. Im Vergleich zu seinen Konkurrenten fing er mit dem Reiten relativ spät an. Er war damals elf Jahre alt und, ob Sie es glauben oder nicht, er fing auf einem Esel an! Kein Wunder, daß Ludger den Ruf hat, alle möglichen Tiere zum Springen zu bringen. Vom ehemaligen Nationaltrainer Hermann Schridde entdeckt, schoß seine Karriere so schnell wie keine andere empor. Er gewann auf seinem Weg bis in die Seniorenmannschaft sowohl einige deutsche Juniorentitel als auch Europameisterschaftstitel bei den jungen Reitern. Von 1985 bis 1989 ritt Ludger für den Stall Paul Schockemöhle. 1988 wurde er mit Landlord, dem Pferd, mit dem er bei den Olympischen Spielen von Seoul mitreiten sollte, deutscher Meister. Landlord ging einen Tag vor Beginn des Wettkampfes lahm, und Ludger mußte auf The Freak, das Reservepferd seines Teamkollegen Dirk Hafemeister, zurückgreifen.

Ludger, der erst am Vortag des Bewerbs zum ersten Mal auf The Freak gesessen hatte, gelang es, den ersten Umlauf des Mannschaftsparcours mit nur einem viertel Fehlerpunkt wegen Überschreitens der erlaubten Zeit zu beenden. Im zweiten Umlauf hatte er das Pech, die letzte Stange von Olaf Petersens Parcours zu werfen, was ein Endergebnis von 4¼ aus beiden Umläufe ergab. Ein Resultat, mit dem nur Joe Fargis, amerikanischer Olympiasieger von Los Angeles, gleichziehen konnte. Ludger, die Goldmedaille um den Hals, meinte in seiner bescheidenen Art, daß es «nicht wirklich eine solch großartige Leistung gewesen ist, denn schließlich ist The Freak schon früher mit anderen Reitern gut gegangen». Aber der charismatische Deutsche konnte seine Größe nicht lange verborgen halten.

Obwohl Ludger sein Potential und seine Geschicklichkeit noch nicht voll entfaltet hatte, verließ er den starken Schockemöhle-Stall und schlug, mit der Hilfe seines Sponsors Alexander Moxel, sein Lager in Bayern auf. Er stellte seine Nervenstärke und seine Entschlossenheit 1990 bei der Weltmeisterschaft wieder unter Beweis, indem er auf der in Deutschland gezogenen Stute Gazelle eine Silbermedaille im Mannschaftsbewerb gewann. Obwohl Ludger ebenso gut und wirkungsvoll mit Wallachen, Stuten oder Hengsten zurechtkommt, so hat er mit Sicherheit ein einzigartiges Gefühl für Stuten. Er genoß von Anfang an eine angenehme Partnerschaft mit der Holsteiner Stute Classic Touch, seinem Pferd für die Olympischen Spiele von Barcelona.

Ludger und Classic Touch waren erst knapp ein Jahr beisammen, als die beiden den Großen Preis der Horse of the Year Show im Oktober 1991 gewannen. Classic Touch verhalf Ludger 1992 sowohl zu seinem zweiten nationalen Meisterschaftstitel als auch zum Sieg im Aachener Nationenpreis, ehe sie Richtung Barcelona reisten. In Barcelona mußte Ludger so tief wie noch nie zuvor in seine mentalen Reserven greifen. Nachdem die beiden im ersten Durchgang einen nahezu perfekten Nullfehlerritt absolviert hatten,

setzte im zweiten Umlauf, als bei der Stute das Hackamore brach, die Katastrophe ein. Ludger blieb ohne Kontrolle über Classic Touch, und um eine Verletzung zu vermeiden, blieb ihm nichts anderes übrig, als sich in den Sand zu werfen. Die einzige Chance, die ihm jetzt noch offenstand, um sich für das Einzelfinale zu qualifizieren, war, ein gutes Ergebnis über den dritten Parcours zu erzielen. Abgeklärtheit, genaues Reiten und ein vollkommenes Verständnis zwischen Classic Touch und Ludger gaben Hoffnung. Das Paar qualifizierte sich für das Finale, und die beiden schrieben Geschichte, indem sie über die beiden letzten, umstrittenen Kurse fehlerfrei blieben.

«Das schönste Gefühl und Erlebnis überhaupt in meinem Leben! Der größte Erfolg! Das sind die Gefühle, die in mir wach werden, wenn ich dieses Bild sehe. Ich glaube, daß dieses Gefühl für immer bei mir bleiben wird. Nie zuvor hatte ich ein Pferd mit der Qualität von Classic Touch geritten. Ich möchte sie nicht mit Milton vergleichen, weil Milton das Pferd des Jahrhunderts ist, aber abgesehen von Milton gibt es auf der ganzen Welt kein besseres Pferd als Classic Touch. Sie ist ‹untouchable› – unberührbar!»

«Charakter und Eigenschaften von Classic Touch sind sensationell. Ich meine, daß sie für diese Sache geboren ist. Sie hat jeden Tag unheimlich Lust, sie ist oft fast zu ehrgeizig. Man muß immer sehen, daß man sie ein bißchen drosselt und bremst, weil sie einfach zu intensiv an die Sache herangeht. Ich habe mich schon früh, als sie sieben war, entschlossen, Classic Touch im Hackamore zu reiten, weil ich ihren Überehrgeiz so bremsen konnte, ohne daß ich zu viel daran zerren mußte. Mit einem Gebiß wurde sie schnell noch heftiger und ich kam mit dem Bremsen nicht so gut durch ... Sie ist eine starke Persönlichkeit. Selbst wenn man einen Bewerb im Regen reiten muß, wächst sie über sich hinaus.»

Michael Whitaker und Monsanta

Das erste, das einem in den Sinn kommt, wenn man den Namen Michael Whitaker hört, ist, daß er Johns jüngerer Bruder ist. Aber Michael, der am 17. März 1960 zur Welt kam, hat selber eine Rekordzahl vollendeter Leistungen, die seine Rivalen und Bewunderer auf der ganzen Welt gleichermaßen in Staunen versetzt. Gleich von dem Zeitpunkt an, als er ein erfolgreicher Junior war – er gewann 1976 mit der Mannschaft Bronze und 1978 mit der Mannschaft Gold – war Michael dazu bestimmt, ein wahrer Star zu werden. Sein aggressiver und doch sehr beherrschter Reitstil fesselt das Publikum und bringt Spannung in den Sport. Er beweist seine unglaubliche Vielseitigkeit immer und immer wieder durch Siege in allen möglichen Bewerben und auf den verschiedensten Pferden. Es macht den Anschein, als könne er sich in kürzester Zeit allen möglichen Pferden anpassen. Er kann ganz ruhig sitzen, wie er es tat, als er sein großes Siegerpferd Warren Point ritt, und er kann jedes Pferd, wie z. B. einen «eher muffigen» Monsanta, wie ihn Michael beschreibt, animieren.

Bescheiden erklärt er: «Es gibt kein Geheimnis zu meinem Reiten. Ich habe angefangen, als ich noch sehr jung war. Ich steige einfach auf ein Pferd und versuche mich diesem anzupassen.» Auf die Frage, welche Art von Pferd ihm denn am besten liegt, antwortete er mit strahlendem Gesicht: «Ich bevorzuge ein Pferd, das genau zwischen Warren Point und Monsanta liegt, nicht zu heiß und nicht zu kalt!» Ein großer Teil von Michaels Charme besteht mit Sicherheit aus seiner Spontaneität und seiner natürlichen Einstellung zu allem. Sein Sinn für Humor kommt in den unvorhergesehensten Situationen zum Vorschein. Als er Cogshall Spot On in einem Zeitspringen in Göteborg 1988 ritt und der Winkel, den Michael für Cogshall gewählt hatte, zu einer Verweigerung des kleinen Schecken führte, reagierte Michael spontan, indem er eine Narzisse aus dem Blumenarrangement nahm, sie als Gerte benützte und den Parcours beendete!

Michael reitet ausgesprochen leidenschaftlich und verfügt über einen großen Sieges-

drang. Er ist emotionell und verliert leichter die Fassung als Bruder John, wenn einmal etwas nicht ganz nach Plan läuft. Wenn eine Stange fällt, kann man immer ein wahres Gefühl der Enttäuschung in Michaels Verhalten erkennen, insbesondere wenn er für die Mannschaft reitet. «In der Mannschaft zu reiten ist schwieriger, weil man doch keinen seiner Kameraden im Stich lassen will.» Die größte Enttäuschung, die er bis jetzt hinneh-

men mußte, war, als Amanda bei den Olympischen Spielen von Los Angeles in der dreifachen Kombination verweigerte und seine greifbar nahe Chance auf eine Medaille in der Einzelwertung dahin war.

Wie alle echten Sportsleute ist er jedoch ein wahrer Kämpfer, und sein Partner Monsanta gibt Michael seine ganze Unterstützung und Hingabe. Die beiden fanden sich 1989 kurz vor der Europameisterschaft von Rotterdam, als Sir Phil Harris sich entschloß, den irländer Wallach für Michael, dem es ohne Zweifel an Pferde-Power fehlte, zu kaufen. Monsanta hatte seiner früheren Reiterin, der talentierten Gillian Greenwood, bereits gut gedient. Er war daher große Hindernisse gewohnt, und Michael paßte sich seinem neuen Partner wunderbar an. Sie gewannen anläßlich der EM von Rotterdam 1989 eine Mannschafts-Gold- und eine Einzel-Silbermedaille und holten sich kurz danach in Calgary den höchstdotierten Grand Prix der Welt. Ihre Erfolgsserie hielt an. Michael und Monsanta gewannen das Hickstead Derby 1991, 1992 und 1993.

«Monsanta ist ein wirklich ehrliches Pferd, er gibt jederzeit sein Allerbestes. Er hat nicht das Format von Milton, aber das haben nur die wenigsten. Er liebt die großen Turnierplätze wie Hickstead, Aachen, Calgary. Monsantas Derby-Siege waren einfach unglaublich, besonders der zweite, weil die Wetterverhältnisse so wahnsinnig schlecht waren und Monsanta gerade von den Olympischen Spielen zurückgekommen war. Das zeigt einfach, welch großartigen Charakter er hat.»

Tina Cassan und Genesis

Tina Cassan, in der Grafschaft Berkshire zu Hause, kam am 12. Juni 1965 beinahe auf einem Pony zur Welt! Ihre Familie war stets mit Pferden verbunden, und Tina wurde im zarten Alter von zwei Jahren auf ihr erstes Pony gesetzt. Sie wurde Mitglied des Pony Club und wetteiferte in allen Reitdisziplinen mit, wobei sie Erfahrungen sammelte, die ihr halfen, sich über die Stufen der Junioren und jungen Reiter schließlich bis in die Seniorenmannschaft hinaufzuarbeiten. Während sie für den in Hampshire ansässigen Pferdehändler Freddie Welch ritt, begann Tina, sich einen Namen zu machen. 1989 ritt sie anläßlich des CSIO von Prag zum ersten Mal einen Nationenpreis in der Seniorenmannschaft und schloß den Bewerb als einzige mit einem Doppelnuller ab. Sie hat einen

angeborenen Siegeshunger und gibt zu, «manchmal sogar zu hungrig» zu sein. Sie ist außerordentlich ambitioniert und verfügt über Kaltblütigkeit und Zielstrebigkeit, beides lebenswichtige Eigenschaften eines Topspringreiters. Im Jahr 1990 übersiedelte sie nach Yorkshire, wo sie, für Fred Brown reitend, ihre Partnerschaft mit dem Hannoveraner Wallach Genesis begann. Diese begann keinesfalls reibungslos. Tina wurde bei ihren Trainingsversuchen von Genesis stark gefordert, ihr feinstes Gefühl an den Tag zu legen: «Er war schrecklich und anfangs unheimlich schwierig zu reiten. Er rannte um die Ecken, steckte den Kopf in die Höhe, konnte nicht umspringen, aber ich spielte mit ihm herum und lernte ihn zu reiten und zu lieben.» Nach nicht allzu langer Zeit wuchs das Paar zusammen. So gewannen sie 1990 in Hickstead die Meisterschaft der Sechsjährigen, zwei Olympic-Star-Spotter-Qualifikationsbewerbe und das Finale der Olympic Star Spotters anläßlich der Horse of the Year Show. 1991 gewannen sie einige nationale S-Springen und setzten ihre Laufbahn mit zahlreichen bemerkenswerten internationalen Erfolgen fort. Sie waren Mitglied der erfolgreichen Mannschaft der Nationenpreise von Drammen und Washington, sie wurden Zweite im Großen Preis von New York und gewannen sowohl das Volvo-Qualifikationsspringen als auch das Masters in Toronto. Diese Leistung stufte Tina damals als Genesis' größten Erfolg ein: «Die Hindernisse waren wirklich riesig, und wir schlugen Ian Miller auf Big Ben.»

Im Frühjahr 1992 reiste das Duo nach Del Mar zum Volvo-Weltcup-Finale, ein Turnier, das weder Tina noch die Springreitergemeinschaft je vergessen werden. Der Zwischenfall in Kalifornien hat, um es milde auszudrük-

ken, in der Tat Tinas Kaltblütigkeit auf die Probe gestellt. Sie be-
wies echte Charakterstärke, als
sie, während der Streit um die
Zeitnehmung beim ersten Bewerb des Finals voll im Gange
war, die Nerven behielt. Ehe sie
ihren Parcours, ein Zeitspringen
nach Verfahren A, in Angriff genommen hatte, zeigte die elektro-
nische Zeitmessung schon 30 Sekunden an. Das Knifflige daran
war, daß die Richter das Glok-
kensignal zur Freigabe des Parcours schon gegeben hatten, was
bedeutet, daß der Reiter bzw. die
Reiterin innerhalb einer Minute
mit dem Parcours beginnen muß,
um nicht disqualifiziert zu werden. Tina war entschlossen, weder zu starten noch den Par-
coursplatz zu verlassen, bevor
die Sache nicht erledigt war. Sie
stuft ihr Erlebnis von damals als
«unbeschreiblich» ein: «Ich war
wild, wütend, ich schrie die Richter an, daß ich erst dann starten
würde, nachdem sie die Uhr auf
Null zurückgestellt hätten, aber
sie taten es nicht.» Es dauerte
zwischen 15 und 20 Minuten, bis
die Richter zustimmten und Tina
ein frisches Startsignal gaben.
Tina und der damals erst acht-
jährige Genesis mußten während
der ganzen Zeit in der Arena bleiben und warten. «Es war unglaublich, wie sich Genesis mit
dem ganzen Getue abfand. Die
ganze Zuseherschar stand auf. Es
war wie in einem Fußballstadion.
So etwas hatte ich noch nie erlebt. Die Wartezeit kam mir wie
eine Ewigkeit vor. Ich dachte

nichts anderes als: ‹O mein Gott, jetzt sind wir von so weit her angereist, und ich werde am ersten Tag ausgeläutet.› Genesis war frisch, wild und gab mir am Vortag beim Einlaufbewerb ein herrliches Gefühl, als könne er über Häuser springen.»

Als die Richter, nachdem sie den Zwischenfall am Video studiert hatten, den Parcours endlich freigaben, zeigten die beiden, aus welchem Holz sie geschnitzt sind, und übersprangen alle Hindernisse fehlerfrei. Von diesem Moment an war das ganze Publikum geschlossen hinter Tina und spendete ihr bei jedem Auftritt lautstarken Beifall. Das Paar belegte letztlich den siebenten Platz.

Sowohl Genesis als auch Tina scheinen mit der Größe eines Ereignisses mitzuwachsen. Ende Mai desselben Jahres waren sie Mitglied der siegreichen Nationenpreis-Mannschaft in Hickstead. Tina war bei diesem Anlaß sehr motiviert, da erstens Hickstead ihr Lieblingsplatz ist, aber vor allem weil Teamchef Ronnie Massarella seiner Mannschaft gesagt hatte, daß sie wahrscheinlich nicht stark genug sei, um vor heimischem Publikum zu gewinnen.

«Ich bin sehr stur, und so half mir Ronnies Pessimismus, denn wenn man mir sagt, daß ich etwas nicht kann oder daß es zu schwierig ist für mich, bin ich entschlossen, ihnen zu beweisen, daß sie im Unrecht sind.»

Tina ist sehr kämpferisch und strebt Vollkommenheit an. «Selbst wenn ich einen Bewerb gewonnen habe, ich aber das Gefühl habe, daß ich nicht mein Bestes gegeben oder einen Fehler begangen habe, nage ich lange daran.» Sie glaubt, daß ihr Drang nach Vollkommenheit zum Teil angeboren ist, daß aber das Training von Freddie Welch doch auch viel damit zu tun hat. «Ich erinnere mich, daß ich einmal einen Qualifikationsbewerb für junge Reiter gewonnen hatte und sowohl mit dem Pferd als auch mit mir sehr zufrieden war. Als ich zu Freddie ging, in der

Erwartung, er würde ‹phantastisch› sagen, was er ohnehin nur ganz selten tat, sagte er nur: ‹Du dumme Kuh, du hast gerade dein Pferd in Grund und Boden geritten. Du hast mit sieben Sekunden Vorsprung gewonnen, wo du nur mit einer oder zwei hättest gewinnen sollen.› » Tina war sich im klaren, daß Freddie den Nagel auf den Kopf getroffen hatte, um so mehr war sie von sich enttäuscht, als sie mit Genesis den Queen Elizabeth II. Cup mit einem Vorsprung von über sieben Sekunden gewann.

Für Tina sind Titel wichtiger als Große Preise. Eine ihrer größten Ambitionen ist, bei den Olympischen Spielen von Atlanta mitzureiten. Der plötzliche Tod ihres Sponsors Fred Brown im Januar 1993 hatte jedoch leider zur Folge, daß Tina alle seine Pferde verlor, was ihre Zukunftspläne einstweilen etwas durcheinanderbringt. Genesis wurde an den amerikanischen Reiter George Lindemann Jr. verkauft.

«Ich habe immer davon geträumt, den Queen Elizabeth II. Cup zu gewinnen. Ihn 1992 gewonnen zu haben war eine echte Erleichterung für mich, weil das Teilnehmerfeld nicht so stark wie in den vergangenen Jahren war. Ich hätte es mir nie verziehen, hätte ich nicht gesiegt. Genesis war unglaublich. Nach dem CSIO-Meeting in Hickstead schickten uns die Selektoren nach Kapellen, wo Genesis einfach nicht ganz in Ordnung war. Wir ließen sein Blut untersuchen, und er mußte pausieren. Ich ritt ihn in Kapellen überhaupt nicht, sondern erst wieder fünf Minuten vor dem QE-II.-Bewerb. Er war großartig und gab sein Bestes.»

«Genesis ist ein schwieriges und freches Pferd. Sollte man sich je auf einen Streit mit ihm einlassen, würde er bis zum Umfallen kämpfen. Er hat einen starken Willen, aber er ist liebenswert. Je schwieriger und kämpferischer er ist, desto besser springt er. Ich liebe ihn wie kein anderes Pferd, nicht weil er das erfolgreichste meiner Pferde war, sondern weil er solch eine liebenswerte Persönlichkeit ist. Jedesmal wenn ich aus dem Haus kam, wieherte er mir zu. Das Schönste an Genesis war, daß ich, wann immer ich ihn ritt, genau wußte, daß mir die größte Power der Welt zur Verfügung stand.»

Marie Edgar und Surething

Marie Edgar verfügt zweifelsohne über den beneidenswertesten Stammbaum, den eine Springreiterin haben kann. Sie kam am 28. Februar 1971 als Tochter von Ted Edgar und Liz Edgar, geborene Broome, zur Welt. Ted ist ein erfolgreicher Pferdefachmann und ein vollendeter Trainer. Er brachte Topreiter wie Nick Skelton, Geoff Luckett und Leslie MacNaught-Mändli heraus. Liz Edgar ist eine der besten Reiterinnen, die England je gesehen hat. Sie stellte mit fünf Queen-Elizabeth-II.-Cup-Siegen einen Rekord auf. Weiter war sie 1980 die erste Amazone, der es gelang — sie ritt damals ihren bemerkenswerten Partner Forever — den Großen Preis von Aachen zu gewinnen. Sie war auch fünfmal Mitglied einer siegreichen Nationenpreis-Mannschaft.

Marie bekam ihr erstes Pony von ihrem Großvater Fred Broome, als sie erst zweieinhalb Jahre alt war. Sie ließ ihre Ponyperiode rasch hinter sich und fing mit zwölf an, Pferde zu reiten. Sie fand Pferde viel einfacher, denn sie ist, wie sie selbst zugibt, nicht «eine der tapfersten Reiterinnen» und deshalb «setzte mich Dad ziemlich früh auf Pferde, weil immer schnell jemand in der Nähe war, um bei der Korrektur des Pferdes zu helfen oder im Notfall sich draufzusetzen».

Surething tauchte auf, als Marie 15 war, und sie gibt zu, daß sie anfangs mit ihm gar nicht zurechtkam. «Geoff Luckett ritt ihn zuerst in kleinen Prüfungen und dann ritt ihn

Mutter, ehe ich ihn zurückbekam.» 1988, als Marie erst 17 war, bewiesen die beiden mit ihrem Grand-Prix-Sieg in Windsor, daß sie sich doch gefunden hatten. Marie erinnert sich, daß Surething beinahe in die Schweiz verkauft worden wäre, aber «nach unserem Sieg war nichts mit dem Verkauf! Dad hat es nicht gewagt, ihn zu verkaufen»! Zum Glück, denn Marie und Surething gewannen Einzelgold und Mannschaftssilber bei der Junioren-Europameisterschaft, den Titel Young Rider of the Year und das National 21 Championat! Im darauffolgenden Jahr wiederholten sie ihren Erfolg in der Einzelwertung und verbesserten sich mit der Mannschaft sogar um einen Platz, was für Marie, in ihrem letzten Jahr bei den Junioren, zweimal Gold bei der EM bedeutete.

Auf der nächsten Stufe, als Young Rider, waren die beiden ebenso beständig. 1990 gewannen sie sowohl Mannschafts- als auch Einzelgold bei der Europameisterschaft. Bei der 1991 ausgetragenen EM der jungen Reiter blieb Marie genauso erfolgreich und eroberte, diesmal aber mit Rapier, beide EM-Titel. Bei der Young-Riders-EM des darauffolgenden Jahres konnte Marie wieder Surething satteln und mit ihm Mannschaftsgold und Einzelbronze erlangen. «Surething war in diesem Jahr vom Pech verfolgt. Am Morgen der Einzelwertung wurde er von einer Mücke gestochen und bekam dadurch ein geschwollenes Vorderbein ... aber er gab sein Bestes und wir ergatterten doch noch Bronze.»

Ungeachtet aller gewonnenen Titel steht Marie mit beiden Füßen fest auf dem Boden. Gefragt, was ihrer Meinung nach ihre Stärke sei, antwortete sie mit lächelndem Gesicht: «Ein Junior und ein Young Rider gewesen zu sein. Bis zum heutigen Zeitpunkt war Surething der wahre Grund all meiner Titel, mit ihm war ich doch ein klein wenig überberitten!» Ihr Vater ist der Meinung, daß «alles in den Genen liegt», und ihre Mutter fügt schnell hinzu: «Es ist wie bei Rennpferden, die haben auch immer eine gute Mutter!» In ernsterem Ton stimmt die ganze Familie überein, daß es alles eine Frage der Gelegenheiten ist. «Man mag wohl das Glück haben, talentiert zu sein, aber ohne Möglichkeiten wird nichts daraus.»

Obwohl Marie den Übergang von den jungen Reitern zu den Senioren als großen

an und gewöhnt sich derzeit an das Niveau der weltbesten Senioren. Als sie im Frühling 1993 in Zürich ritt, gelang es ihr fast, den Hauptbewerb zu gewinnen. Sie führte im Stechen bereits mit zwei Sekunden, als Surething in einer Wendung den Halt verlor und die beiden zu Sturz kamen. Marie betrachtete das Mißgeschick mit Humor und meint: «Mein großer Einschlag in die internationale Szene. Ich hätte 35 000 Pfund gewinnen können, statt dessen schlug ich einen Salto.»

«Anfangs war Surething schwierig zu reiten, weil er eine so lange Galoppade hatte, daß es ihm schwerfiel, Distanzen einzuhalten. Man mußte immer den passenden Absprungpunkt finden. Er konnte nie vor dem Absprung ruhig genug werden. Wir haben nun

Schritt betrachtet, ist sie fest entschlossen, Gutes zu leisten, und bringt auch den nötigen Siegesdrang mit. Ihre Hauptambition ist, den Queen Elizabeth II. Cup zu gewinnen und mit den besten Reitern der Welt mithalten zu können. «Nicht unbedingt, um sie gleich zu schlagen, aber um auf gleicher Ebene mitreiten zu können. Ich möchte gerne mein Bestmögliches geben.» Sie tritt gerne im Ausland

viel mehr Vertrauen zueinander und somit ist er um vieles leichter zu reiten. Er ist sehr schnell und unheimlich vorsichtig. Solange man den Absprungpunkt gut erwischt, wird er immer sein ganzes Herz aufs Spiel setzen. Er liebt die Massen, die Stimmung gibt ihm einen echten Schub. Surething ist mein Freund, ein Sieger mit einem Herz aus Gold. Alles, was er geleistet hat, hat er stets mir zuliebe getan.»

Ian Millar und Big Ben

Ian Millar ist der populärste und erfolgreichste Springreiter, den Kanada je herausgebracht hat. Angefangen mit München 1972, nahm er an fünf aufeinanderfolgenden Olympischen Spielen teil, an den Ersatzspielen von Rotterdam 1980 und repräsentierte Kanada ohne Unterbrechung bei vier Panamerikanischen Spielen. Er ritt bei drei Weltmeisterschaften und 12 Volvo-Weltcup-Finals mit. Zu seinen größten Erfolgen zählen Mannschaftsgold 1980, Mannschaftssilber und Einzelbronze bei den Pan-Am-Spielen im Jahr zuvor, Mannschaftssilber bei den Pan-Am-Spielen 1983 und sowohl Mannschafts- als auch Einzelgold bei den Pan-Am-Spielen von 1987. In der Halle gewann er zweimal das Volvo-Weltcup-Finale, nämlich Göteborg 1988 und Tampa 1989.

Ian kam am 6. Januar 1947 zur Welt und fing als 10jähriger Junge an zu reiten. Ians Vater war in der Armee und wurde von der Ostküste Kanadas in die im Westen liegende Stadt Edmonton, Provinz Alberta, versetzt. Ian erinnert sich, daß seinen Vorstellungen nach der Umzug in Richtung Westen Pferde, Cowboys und Indianer bedeutete! Um des lieben Friedens willen gaben seine Eltern schließlich seinem Verlangen nach, und die ganze Familie, einschließlich seiner Schwestern, begann Reitstunden zu nehmen. Das Interesse an Pferden blieb ihnen allen erhalten, vor allem seiner Mutter, die immer Pferde zu Hause hielt. Ian ritt sowohl Western als auch English und nahm bei allen Western Gymkhanas, wie Pole Bending und Barrel Racing, teil. Dadurch, daß Ian beide

Stilrichtungen beherrschte, gaben ihm diese ersten Jahre das Gefühl einer gut abgerundeten Ausbildung. Da er Springen für besonders aufregend, vergnüglich und herausfordernd empfand, richtete sich sein wirkliches Interesse von Anfang an in diese Richtung, und als er im Alter von 15 wieder in den Osten übersiedelte, entfaltete sich das Springreiten zu seiner wirklichen Leidenschaft. Er schloß eine enge Verbindung mit dem Pony-Club und nahm regelmäßig an Ein-, Zwei- und Drei-Tage-Vielseitigkeitsprüfungen teil, an die er sich gerne zurückerinnert. «In einem anderen Leben hätte ich leicht Militaryreiter sein können.»

Obwohl Ian ganz wild auf Pferde war, studierte er trotzdem Wirtschaftslehre und verfolgte eine Laufbahn als Börsenmakler und Rundfunksprecher, ehe er sein ganzes Leben den Pferden widmete. Was er aus dieser Zeit mitnahm, ist die geistige, analytische und überzeugende Einstellung, die Ian zum Reiten hat. «Ich bin ein hartnäckiger Knochen. Wenn ich einmal eine bestimmte Richtung eingeschlagen habe und ich der Meinung bin, daß der Plan stimmt und die Idee korrekt ist, dann werde ich einfach immer und immer wiederholen. So trainiere ich Pferde. Das ist im wesentlichen auch die Art, wie ich mich selbst trainiere.»

Wie die meisten Reiter hat Ian gelernt, bei seiner Analyse philosophisch zu sein. «Wenn bei Pferden ein Problem groß genug ist, ist es offensichtlich, aber bei Pferden gibt es so viele kleine Feinheiten, sei es auf physischer oder geistiger Ebene, die erst dann auftreten, wenn sie unter Druck geraten. Wenn man auf ein großes Turnier geht, mag man wohl denken, man hätte alles unter Kontrolle, aber dann stellt man plötzlich fest, welch unglaubliche Überraschungen vorkommen können. Oft kommt man von einer Veranstaltung zurück, ohne je herauszufinden, warum es nicht geklappt hat ... das nächste Mal reitet

man genau so, ein Bein auf jeder Seite des Pferdes, einen Zügel in jeder Hand und den Pferdekopf zwischen den Ständern − und siehe da, man gewinnt! Sowohl die besten Reiter als auch die besten Pferde lernen nie aus.»

Ian fühlt sich sehr wohl, wenn er das Leben durch die Augen seiner Pferde betrachtet. «Es bedeutet, daß man die Dinge auf eine andere Ebene bringen muß, sie vereinfachen muß, daß man mit der Art, in der man Druck vermittelt, vorsichtig umgehen muß, denn es gibt positiven Druck und negativen Druck. Sobald ich auf dem Pferd sitze, arbeiten wir zusammen. Wir sind Partner.» Einer seiner größten Partner ist der 1,80 m hohe, in Belgien gezogene Wallach Big Ben. Ian bekam ihn als Siebenjährigen vom holländischen Reiter und Pferdehändler Emile Hendrix im Herbst 1987. «Anfangs hatte ich meine Zweifel, ob Big Bens Charakter es zulassen würde, trainiert zu werden. Er hatte einen unglaublich starken Willen!»

Aber dank Ians Ausdauer und Wiederholungen entwickelte sich bald darauf ein einmaliger Faden zwischen den beiden, dem sich auch ein riesiges gegenseitiges Verständnis anschloß. Es gibt kein anderes Pferd auf der Welt, das nach zwei ernstlichen Kolik-Operationen und einem schweren Transportunfall für seinen Herrn noch immer siegreich auftreten würde. Bei seinem ersten Auftreten nach dem Transportunfall gewann Big Ben beim Frühlingsturnier von Spruce Meadows die drei Bewerbe, in denen er antrat. Ian meint, daß der Sieg im Volvo-Weltcup-Finale von Tampa 1989 Bens größter Erfolg ist. «Es war bemerkenswert, da er dort glatt gewonnen hatte, nämlich alle drei Teilbewerbe.»

Auch die beiden Du-Maurier-Grand-Prix-Siege bedeuten «Captain Canada» – so lautet sein Spitzname – sehr viel.

«Den Du Maurier Grand Prix zu gewinnen, ist ein wahrhaft großes Ereignis. Ihn zu gewinnen ist für mich toll, für Big Ben, für die Sponsoren und für das kanadische Volk. In Spruce Meadows zu siegen ist in der Tat eines der besten Gefühle, die man haben kann. 1991 war ganz besonders. Das Publikum war wie entfesselt. Je mehr es mitging, je lauter es uns anspornte, desto höher sprang er! Das Fabelhafte an Big Ben sind das Zusammenwirken seines Willens und seines Mutes sowie seine geistigen Eigenschaften. Er ist so scharfsinnig. Das größte Kompliment, das man einem Athleten machen kann, ist, daß er effizient ist. Big Ben verfügt über eine besondere Effizienz. Er macht nicht mehr als nötig. Er vergeudet keine Kraft. Er schätzt ab und richtet sich danach. Wäre er ein Mensch, dann wäre er einer von diesen willensstarken, charakterstarken, positiven, zielbewußten, arbeitssüchtigen, energiegeladenen Individuen. Er hat auch dann gewonnen, wenn ihm die Bedingungen gar nicht zugesagt haben. Er wächst einfach über sich hinaus. Unsere Partnerschaft begann mit gegenseitigem Respekt für gewisse physische und geistige Qualitäten, dann entwickelte sie sich zu einem Arbeitsverhältnis mit ziemlich großer Bewunderung füreinander und zum Anfang unserer Freundschaft. Daraus entstand eine vollkommene Arbeitsgemeinschaft, bei der jeder den nächsten Schritt des anderen weiß, bevor er einem selbst bewußt ist.»

«Ich habe seinen Charakter wirklich gerne. Wäre er ein Mensch, so wäre er mein bester Freund.»

Eric Navet und Quito de Baussy

Der französische Welt- und Europameister Eric Navet ist einer der natürlichsten, passioniertesten und gefühlvollsten Reiter und Züchter in der Runde des internationalen Springsports. Am 9. Mai 1959 als Sohn des ehemaligen internationalen Springreiters und Pferdezüchters Alain Navet geboren, stellte sich für Eric nie die Frage, ob er sich für Pferde interessieren würde oder nicht. Die Faszination, die er entwickelte, entstand aus seinem eigenen Stammbaum: «Es kam alles ganz einfach und natürlich für mich, und ich meine, daß ich einen Vorteil den Kindern gegenüber hatte, die nicht so hineingeboren wurden wie ich. Ich glaube, daß es für mich viel leichter war, da wir immer eine Menge Pferde zu Hause hatten.»

Mit vier Jahren bekam Eric sein erstes Pony. Als er sieben war, fuhr er jedes Wochenende mit seinem Vater und dessen Spitzenpferden auf nationale Turniere mit und ritt, wie er es beschreibt, in «kleinen Schaunummern über Parcours, die für Ponys aufgestellt wurden, um das Publikum vor dem Start des Grand Prix zu unterhalten». Mit 12 Jahren, dem Mindestalter, um an offiziellen Turnieren teilzunehmen, begann Eric mit jungen Pferden mitzureiten. Er stieg sehr schnell zu den Junioren auf und ritt bei den Junioren-Europameisterschaften. Er gewann Einzel- und Mannschaftssilber 1976 und Einzelgold sowie Mannschaftssilber 1977. Er errang seinen ersten großen Erfolg mit der Stute Doris, die vorher von Nelson Pessoa geritten wurde. Mit ihr gewann Eric ein großes Derby vor Hervé Godignon auf Electre, ein Duo, das damals alle zu schlagen versuchten. In seinen frühen Tagen als Senior sah man Eric öfter als fünften Reiter bei CSIO-Veranstaltungen, da, obwohl er nicht erstklassig beritten war, Teamchefs immer viel von seinem Talent hielten.

Wie sein Großvater und sein Vater besitzt Eric eine große Leidenschaft für die Pferdezucht. «Ich bin an der Zucht so sehr interessiert, weil ich immer junge Pferde zu reiten hatte und ich das Trainieren junger Pferde liebe.» Er hält sein Interesse für eine Notwendigkeit in seinem Beruf: «Wenn man davon profitieren will, gute junge Pferde herauszubringen, dann muß man eben versuchen, sie zu züchten. Nach meiner Vorstellung sollte man immer eine Handvoll junger Pferde, die man herausbringt, haben, so daß es einem an guten Sechs-, Sieben- und Achtjährigen, die schon als Vierjährige Turniererfahrungen gesammelt haben, nie mangelt.» Die richtige Auswahl von Generation zu Generation zu treffen ist für die Familie Navet besonders wichtig. Sie behalten immer diejenigen Stuten und Hengste, die sich im Sport am besten bewährt haben, für die Zucht. Eric glaubt nicht an Massenzucht, ihn fasziniert die Qualität. Aus diesem Grund hat Eric die Stute Nai-Ka, eine Puissance-Spezialistin, und Quito de Baussy behalten. «Ich freue mich wirklich schon darauf, mit dem ersten Fohlen von Nai-Ka und Quito arbeiten zu können! Eric reitet Remonten mit Hingabe und hat echte Sehnsucht, wieder Vierjährige auf ihrem ersten Turnier zu reiten. «Ich bin wirklich von den Vierjährigen angetan und ich

fange jetzt auch wieder an, sie zu reiten, denn es ist drei Jahre her und es fehlt mir wirklich.»

Eric meint, daß seine Fertigkeit als Reiter auf die Hilfe seines Vaters, kombiniert mit dem Reiten junger Pferde, zurückzuführen ist. Den Erfolg, den er mit Quito de Baussy

erreicht hat, begründet er damit, daß diese Partnerschaft begonnen hat, als Quito noch sehr jung war. «Quito gibt mir deshalb solche Genugtuung, weil ich alles mit ihm gemacht habe. Ich habe ihn angeritten, geschult und zu seinem ersten Turnier genommen. Ich habe das alles getan, von A bis Z.»

Eric ist ein hochmotivierter Aktiver und zieht große Befriedigung daraus, sich mit der Reiterelite messen zu können und seine jungen Pferde bis auf internationales Niveau zu fördern. Er hat die Gabe, nicht zu gestatten, sich ihm bei der Wahl und der Ausbildung seiner Pferde in den Weg zu stellen. Er ist sehr vorsichtig und vernünftig in der Beurteilung, wann und wie stark er ein Pferd forcieren kann. «Mit sieben befinden sich Pferde in einem Jahr der Sinneswandlung. Es ist ein schwieriges Jahr, weil man der Versuchung unterliegen kann, sie zu überfordern. Pferde haben ein großes Herz in diesem Alter, weil man noch nicht zu viel von ihnen verlangt hat. Ihr Herz ist frisch, unverdorben und sie sind bereit und willig, alles zu tun, was man von ihnen verlangt. Wir haben außerordentliche siebenjährige Pferde gesehen, die alles gegeben haben – und dann waren sie fertig, ausgebrannt.» Eric ist es mit Quito de Baussy sehr langsam angegangen. Er ist mit ihm nur in 1,30-m-Bewerben gestartet und hat ihn nie auf Zeit geritten. Es war erst gegen Ende seiner Saison als Siebenjähriger, als Eric nach langen Überlegungen Quito zu einem CSI nach Fontainebleau nahm und ihn für das Derby nannte. «Als ich den Parcours abging, dachte ich, ‹das ist verrückt, viel zu hoch›, und hatte meine Zweifel. Es begann mir leid zu tun, daß ich ihn genannt hatte. Ich entschloß mich, ihn doch zu reiten, aber nur die ersten drei oder vier Hindernisse zu springen, bevor ich aufgeben würde. Er sprang aber so gut, daß ich weiterritt, er blieb fehlerfrei und wir belegten den dritten Platz.» Bis zu diesem Zeitpunkt hatte Eric Quito nie für ein außergewöhnliches Pferd gehalten, sondern eher als «eines der vielen Pferde, die ich zu reiten hatte», und er glaubt, daß «man die Hindernisse erst erhöhen mußte, damit Quito mir sagen konnte: ‹Aber natürlich kann ich diese Höhen springen!›»

Von diesem Moment an wurde das Paar immer stärker. Sie belegten den zweiten Platz im Großen Preis von Grenoble und begannen ihre CSIO-Laufbahn Anfang 1990 in Luzern, wo sie mit drei fehlerfreien Umläufen den Grand Prix gewannen und im weiteren zwei fehlerfreie Ritte im Nationenpreis hinlegten. Eric erinnert sich, wie die Presse das Pferd hochjubelte und wie alle voraussagten, daß Quito eine sichere Wette für die Reiterweltspiele später in diesem Jahr sein würde. «Ich sagte ihnen nein und daß ich daran nicht interessiert wäre.» Jetzt, da er wußte, welch ein Superstar Quito war, wollte er ihn nicht aufs Spiel setzen. «Ich hatte das Gefühl, daß er zu jung und unerfahren für die Weltmeisterschaft war. Ich wollte mein Spielzeug nicht zerbrechen.»

Drei Monate später standen die Dinge jedoch anders: Teamkollege und Olympiasieger Pierre Durand überzeugte Eric, daß er gar kein Risiko eingehen würde, wenn er Quito zu den Spielen mitnehme. Er überredete Eric, daß er in der Lage sei, all die technischen Probleme zu lösen, die das Paar antreffen würde. Da Quito so gut geschult war und so gut reagierte, bestand keine Gefahr, daß er in zu große Schwierigkeiten geraten würde. Von all dem motiviert, rief Eric Teamchef Patrick Caron an und sagte ihm: «Vor zwei Monaten sagte ich, daß ich nicht zu den Reiterweltspielen gehen wolle. Jetzt sage ich nicht, daß ich unbedingt gehen möchte, aber daß, falls du mich brauchst, ich bereit bin zu gehen.»

Kurz nach diesem Gespräch verletzte sich Hervé Godignons Stute La Belletière, und Patrick Caron ließ Eric wissen, daß er gebraucht wurde.

Bei der Beurteilung von Erics Laufbahn kommt man zum Schluß, daß sein Charakter von einer ausgeglichenen Kombination aus Rücksichtnahme, Sanftheit, Ambition und Liebe für Abenteuer geprägt ist. Seine Ziele sind, eine olympische Goldmedaille in der Einzelwertung zu ergattern, um sie neben die der EM und der WM zu hängen, und den Volvo-Weltcup-Titel zu gewinnen. Das wird ihn für einige Jahre beschäftigen. Eine Sache, die er jedoch immer betont hat, ist, daß es ihm viel wichtiger ist, sich lange an der Spitze seines Sportes zu halten, als Titel zu sammeln. «Natürlich habe ich mich nach meinem Sieg in Stockholm phantastisch gefühlt, aber mein erster Gedanke war: Das Ärgste, das mir passieren könnte, wäre, daß es hier endet. In diesem Fall hätte ich den Weltmeistertitel am liebsten gar nicht gewon-

nen.» Seine Ängste waren verständlich, sind
sie doch die Ängste aller, die sich einer Sache
voll hingeben. Im darauffolgenden Jahr bewiesen die beiden jedoch ihre Qualität, indem
sie den Europameistertitel in La Baule gewannen.

«Das Beste an Quito ist sein Kopf. Er ist
ein Pferd mit einem außergewöhnlichen
Temperament. Er möchte es einem immer
recht tun. Er stellt sich nie Fragen, zweifelt
nie an sich. Er hat ein noch nie dagewesenes
Vertrauen zu mir. Wir sind seit langem Ver-
bündete. Sein Vertrauen zu mir wurde von
dem Tag an, an dem ich ihn angeritten habe,
aufgebaut. Quito hat auch, wie jedes Pferd,
Schwächen. Seine Springtechnik ist nicht per-
fekt, aber er macht diesen Mangel durch seine exzellenten geistigen Fähigkeiten wett. Im
Gegensatz zu meinen anfänglichen Zweifeln
bezüglich Quitos ‹Größe› hatte mein Vater
Vertrauen in Quito – so etwas wie ein
‹Züchterinstinkt›, zusammen mit der Gabe,
ein gutes Sprungvermögen in einem Pferd zu
erkennen. Erstens ist Quito ein Jalisco-Sohn,
und Jalisco hat sein Können mehrmals bewiesen, aber noch interessanter ist, daß mein
Vater den Grand Prix von Amsterdam und
den von Brüssel auf der Stute Luma gewonnen hat. Luma hat eine Vollschwester mit
dem Namen Jolietta, die Quitos Mutter zur
Welt brachte. Es ist daher keine reine Glücks-
sache. Quito ist wirklich das Baby der Familie.»

Hinter den Kulissen

Pferdepfleger sind eine besondere Art von Menschen. Reisender Pferdepfleger für einen internationalen Reiter zu sein, beinhaltet eine ganz besondere Lebensweise, die sowohl hart als auch lohnend ist. Pferdepfleger können wohl die Welt bereisen, aber weit entfernt vom Luxustourismus. Während der Reisen und bei den Turnieren leben sie meistens in den Pferdetransportern. Nur selten bekommen sie während des Turniers ein Hotelzimmer. Nebenverdienste gibt es kaum, aber manche Turnierveranstalter geben ihnen Taschengeld oder Coupons für Mahlzeiten. Gleich von Beginn weg lastet auf den Pferdepflegern enorme Verantwortung: in ihrer Obhut befinden sich höchst wertvolle Spitzenpferde, die sie selbst im Transporter von einem Land ins andere fahren. Die Reiter müssen oft nach Hause fliegen, um Geschäftliches zu erledigen, bevor sie zum nächsten Ort des Geschehens fliegen. Pferdepfleger müssen zu hundert Prozent verläßlich sein. Sie sind ein besonderes Glied in der komplexen Kette, die ein erfolgreiches, siegreiches Team entweder macht oder zerfallen läßt.

Durch das beinahe ständige Zusammensein mit den Pferden erlangen die Pferdepfleger ein fast vollkommenes Verständnis für deren Verhalten und Charakter. Dadurch werden Grooms eine wertvolle Wissensquelle für den Reiter. Sie sind die ersten, die den geringsten Wandel in der Verfassung des Pferdes, sei es körperlicher oder geistiger Natur, erkennen und diesen dem Reiter weitergeben. Wenn Pfleger jemanden gefunden haben, für den sie gerne arbeiten, so bleiben sie eine lange Zeit bei ihm. Sie geben den Reitern all die notwendige Unterstützung. Diese besteht nicht nur im tadellosen Herausbringen der Pferde für den jeweiligen Bewerb, sondern auch in ihrer Hilfe beim Aufwärmen vor einer Springprüfung. Allerletzte Vorbereitungen am Abreiteplatz sind ebenso wichtig wie die Arbeit, die beim Heimtraining erforderlich ist. Indem sie Hindernisse aufstellen und die Pferde genau beobachten, können sie Beruhigung und Vertrauen vermitteln.

Sie arbeiten praktisch das ganze Jahr hindurch. Während der grünen Saison arbeiten sie bei Regen oder Sonne. Während der Wintermonate, wenn der Springsport in die Halle übersiedelt, gehen die Arbeitsstunden bis spät in die Nacht, aber allgemein ziehen die Grooms dies den nassen Schlammschlachten vor. Ihr Leben verlangt viele Opfer. Ihr ganzer Tag dreht sich ums Pferd. Er beginnt mit dem ersten Hahnenschrei, wenn die Pferde gefüttert werden, bis zur nächtlichen Versorgung nach einem anstrengenden Turniertag. Es ist keine Übertreibung, wenn man es als wahre Liebesmühe bezeichnet. Jeder Pfleger bzw. jede Pflegerin hat seine bzw. ihre eigenen Fähigkeiten und Persönlichkeit, gewisse Charakterzüge teilen sie jedoch. Normalerweise sind sie zwischen 22 und 30 Jahre alt. Die meisten scheuen sich davor, ihr Alter bekanntzugeben und meinen, älter auszusehen und vor allem sich älter zu fühlen, als sie tatsächlich sind! Manche kommen von pferdeverbundenen Familien, andere haben Springturniere im Fernsehen verfolgt und haben sich in die Idee verliebt, sich eines Tages um siegreiche Pferde zu kümmern und für einen Spitzenreiter zu arbeiten.

Ein großer Sieg oder ein Pferd gesund zu pflegen macht die ganze harte Arbeit loh-

Der CSIO von Rotterdam wird traditionsgemäß im August abgehalten. Es hat sich auch eingebürgert, daß es mindestens einen Tag, wenn nicht gleich alle Tage regnet! Hier versuchen Pferdepfleger, Pferd und Sattelzeug trocken zu halten. Eine Sache, an die sich ein Groom gleich von Anfang an gewöhnen muß, ist, daß er sich in erster Linie um das Wohlbefinden der Pferde zu kümmern hat, bevor er an sich selbst denken darf.

nend. Denn nichts bereitet dem Groom mehr Freude, als Teil eines erfolgreichen Teams zu sein. Erfolg heißt nicht immer, eine wichtige Meisterschaft zu gewinnen, es kann auch heißen, an der Lösung eines Pferdeproblems Anteil zu haben. Die Leistungen und die Verbesserungen zählen am meisten.

Obwohl es manche Grooms als notwendig empfinden, für einen Topreiter zu arbeiten, ist ihr Leben nicht immer mit dem Ruhm

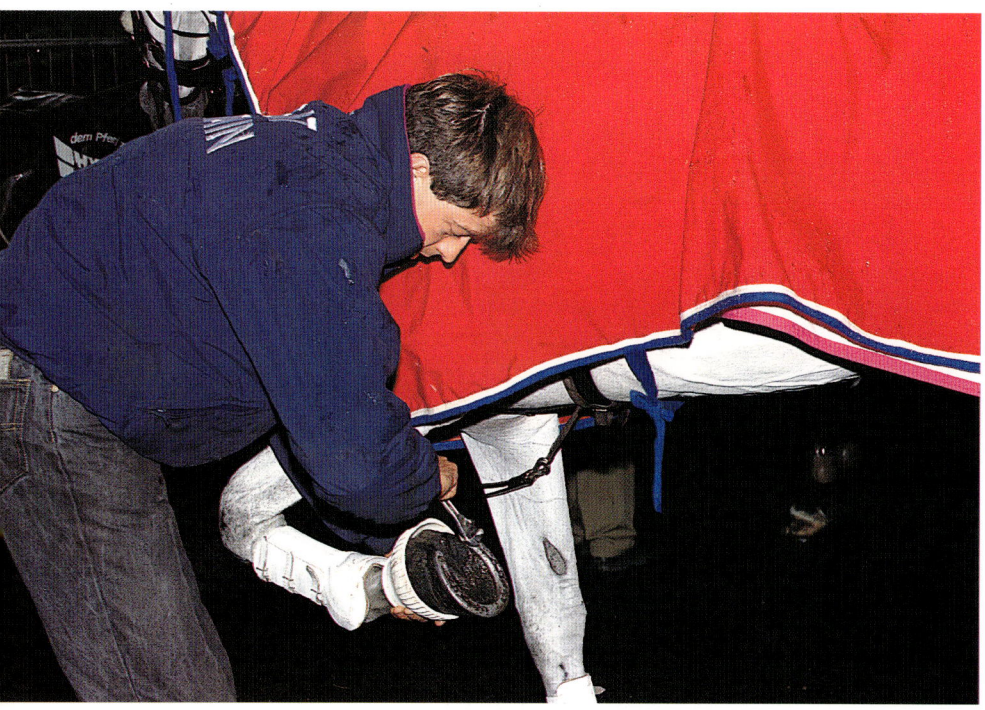

Mark Beever, CSIO Rotterdam 1991, schraubt Stollen in Fiorellas Hufeisen. Die richtige Wahl der Stollen ist für einen Bewerb von größter Wichtigkeit, da sie dem Pferd den notwendigen Halt und das Vertrauen am Sprung und in den Wendungen geben.

eines Sieges gesegnet. Oft sind sie Zeugen von Dramen und Niederlagen. Manchmal wird ihnen die Schuld für ein Mißgeschick im Parcours in die Schuhe geschoben. Oft sind sie die ersten, denen ein Reiter seine Eindrücke beim Verlassen des Parcours offenbart. Und sehr oft sind sie auch diejenigen mit den interessantesten Geschichten!

Mark Beever ist seit sieben Jahren reisender Groom von Nick Skelton. Bevor er dem Skelton-Team beitrat, arbeitete er für die damals noch internationale Reiterin Sally

Mapleson. Obwohl er nicht aus einer pferdebegeisterten Familie stammt, wurde er im Alter von zehn Jahren vom Pferdevirus angesteckt. Hier erzählt er Eindrücke seiner Arbeit:

«An Turnieren ist die Arbeitszeit wirklich lange, besonders während der Wintersaison. Es gibt keine eigentliche Routine, da alles von der Zeiteinteilung der Bewerbe abhängt. Man muß also mit seinen verschiedenen Verpflichtungen herumjonglieren. Das wichtigste ist aufzustehen, zu füttern, auszumisten und die Pferde zu führen, bevor Nick kommt. Dann frühstücke ich *manchmal* im Laufe des Vormittags ... bei Turnieren lernt man schnell, daß man wirklich flexibel sein muß. Füttern ist wichtig; die Pferde müssen drei Stunden vor ihrem Bewerb gefüttert werden, dann werden sie hergerichtet.»

«Ich bleibe gerne zu Hause, ich reise schon zu lange zu Turnieren. Ich mag die Turniere schon noch, aber man kann es nicht ewig tun. Man wird den Hintergedanken, für wie lange man eigentlich noch dabeisein soll, nie los. Für mich bedeutet das Siegen eine Belohnung für meine Arbeit. Ich bekomme von Nick auch finanzielle Anerkennung, wenn er gewinnt. Ich könnte für keinen Reiter arbeiten, der nicht gewinnt. Ich muß für den Besten arbeiten!»

Caroline Hancock ist Groom, seitdem sie die Schule im Alter von 16 verlassen hat. Seit sieben Jahren ist sie Turniergroom der Schweizer Reiterin Leslie MacNaught-Mändli. Sie stammt nicht aus einer pferdeverbundenen Familie, aber soweit sie sich erinnern kann, wünschte sie sich immer schon ein Pony. Als sie 12 war, bekam sie endlich eines. Für sie war Pferdepflegerin zu werden, eine offensichtliche Wahl.

«Es muß aus Liebe zu den Pferden geschehen. Es ist belebend, mit ihnen in Verbindung zu sein. Es muß nicht immer ein Sieg sein. Es ist eine Belohnung, wenn man ein

krankes Pferd hat, dem es wieder besser geht, oder wenn ein Pferd ein Problem hat und dieses sich verbessert, es wieder gut wird und mit der Arbeit wieder beginnen kann. Wenn das vorkommt, hat man wirklich das Gefühl, etwas erreicht zu haben. Erfolge und Verbesserungen empfinde ich als große Befriedigung.»

«Man muß es genießen! Wenn man es nicht genießt, kann man auch nicht gut darin sein. Es beinhaltet so viel – zu viel! Wenn es einen nicht erfreut, so viel Zeit zu investieren, hat es keinen Sinn, es zu tun. Wenn man etwas gerne tut, dann ist es auch nicht schwierig, es fällt einem leicht. Ich reise lieber als zu Hause zu bleiben. Man kann dabeisein und die Erfolge der harten Arbeit miterleben. Wenn man beim Turnier mit dabei ist, ist das das Wahre – besser als zu Hause zu sitzen in der Hoffnung, Nachricht zu erhalten.»

Pferde am Morgen eines langen Wettkampftages spazieren zu führen bringt gute Laune in den Tag. Pferde bekommen dadurch nicht nur die Gelegenheit, ihre Beine zu strecken, es bietet ihnen auch die Möglichkeit, sich mit der Umgebung zu beschäftigen.

«Ein Groom zu sein bedeutet, die meiste Zeit präsent zu sein. Es bedeutet, Kleinigkeiten zu bemerken, die man nicht bemerken würde, würde man das Pferd nicht kennen. Würden einem die Kleinigkeiten nicht auffallen, könnten sie sich zu großen Problemen entwickeln ... man denkt, ißt, trinkt, schläft, träumt ‹Pferde›. Mir geht es jedenfalls so! Wenn eines ‹meiner› Pferde ein Problem hat, ich z.B. mit Freunden auswärts essen gehe und tratsche, dann bin ich mit meinen Gedanken immer noch dabei, eine Lösung zu finden. Es ist eine hundertprozentige Hingabe.»

Lindsey Brewerton, Pferdepflegerin von Michael Whitaker, genießt die Sonne, während sie Monsantas Zaumzeug für seinen Auftritt in Barcelona auf Hochglanz bringt.

Lindsay Brewerton ist seit drei Jahren Michael Whitakers Pferdepflegerin. Sie ist jetzt 22 Jahre alt und seit ihrem fünften Lebensjahr mit Pferden verbunden, da sie ein eigenes Pony besaß. Ihr Vater hatte keinen wahren Sinn für Pferde, aber ihre Mutter unterstützte ihr Interesse. Sie ritt im Pony Club. Bevor sie zu Michaels Stall stieß, arbeitete sie mit Dressurpferden.

«Ich bestritt lokale Turniere, sprang ein wenig, aber ich hatte nie genug Selbstvertrauen für größere Dinge. Pferde waren immer eher ein Hobby als eine Laufbahn. Ich habe mich immer lieber um sie gekümmert und sie beobachtet, als bei Turnieren mitzureiten, weil man doch so besonders gut sein muß, will man es bis zur Spitze schaffen. Ich wollte für Michael arbeiten, weil ich dazulernen wollte. Ich habe sehr viel durch meine Arbeit mit Springpferden gelernt. Ich bin früher nie durch Europa gereist. Ich dachte auch nie, daß ich es je könnte.»

«Man muß das Groomsein von allen Seiten kennenlernen, aber es ist wie eine Droge! Wenn man mal drinnen ist, kann man sich davon nicht mehr losreißen! Ich glaube, Pferde werden immer Teil meines Lebens sein, aber wahrscheinlich nicht als Pferdepflegerin mit dem Ausmisten, dem Aufstehen um sieben Uhr früh und dem Zubettgehen um ein Uhr morgens. Das könnte ich, glaube ich, nicht ewig tun, weil ich mich jetzt schon wie 40 fühle! Aber auf den Turnieren ist es auch lustig. Ich bin gerne unter Leuten, schließe gerne neue Freundschaften. Und wenn man dazu noch für jemanden arbeitet, der so gut ist wie Michael, und man siegt, gibt einem das Ganze richtig Auftrieb. Ich glaube, ich könnte für keinen anderen als Michael arbeiten. Aber ein glanzvolles Leben ist es auf keinen Fall.»

Es ist hart, wenn man ein bestimmtes Pferd betreut, von dem man sich nur ungern trennt, und es wird verkauft. Cilla Leonard ist seit sieben Jahren Pferdepflegerin, und genau das ist ihr passiert. Derzeit arbeitet sie für den italienischen Reiter Valerio Sozzi, der eine Zeitlang sein Quartier im Stall Schockemöhle hatte. Als sich die Möglichkeit ergab, ins Ausland zu gehen, entschloß sich Cilla, nachdem sie eine Zeitlang für Peter Charles gearbeitet hatte, England zu verlassen. Sie trat dem Stall Schockemöhle bei und betreute dreieinhalb Jahre Otto Beckers Pferde. Cilla betreute die Stute Pamina, als sie von Otto geritten wurde, verlor sie aber, als Pamina an Valerio Sozzi verkauft wurde. Als Valerio nach Deutschland kam, um bei Schockemöhle zu trainieren, war Cilla sehr glücklich, Pamina wieder zu betreuen.

«Man hängt wirklich sehr an den Pferden – zu sehr, besonders wenn man für Schockemöhle arbeitet, weil sie jederzeit verkauft

Die Pferde werden in Calgary normalerweise nicht in einem Zelt untergebracht, aber wegen der Quarantänevorschriften mußten alle europäischen Pferde, die soeben von den Olympischen Spielen in Barcelona 1992 angereist waren, in diesen provisorischen Stallungen wohnen. Cilla Leonard hält hier Lucky Luke und Leandra.
«Das war ein Abschied für mich, denn ich wußte, daß Otto Becker kurz nach Calgary den Stall Schockemöhle verlassen würde. Lucky Luke ist keine große Persönlichkeit, Leandra aber schon. Ich habe sie beide sehr gerne. Es ist schön, Leandra auf Turnieren zu sehen, weil sie glücklich ist, noch bei Otto zu sein, ihrem Lieblingsreiter, dem einzigen, für den sie springt.»

Rechts:
Penny Wilson, Pferdepflegerin von John Whitaker, leistet Milton im Stall von Barcelona Gesellschaft. Obwohl das britische Maskottchen der Olympischen Spiele 1992 über Milton wachte, verließ ihn das Glück im allerletzten Parcours des Finaltags.

*Peeter Aitken, Pferde-
pfleger der australischen
Reiterin Susan Bond,
beruhigt French Kiss vor
dem Hauptbewerb des
Tages beim CSIO in Rom
1990.*

werden können. Pamina wurde an Valerio verkauft, und hier bin ich wieder! Ich bekam sie nach sechs Monaten wieder, da Valerio zum Training nach Mühlen kam. Ich übersiedle nicht nur, um bei Pamina zu sein, nach

betreute, war sie sehr erfolgreich. Dann hatte sie zweimal eine Kolik, und niemand außer mir glaubte es, weil sie dabei sehr ruhig blieb. Sie wurde dabei nicht verrückt. Es geschah einmal 1991 in Dortmund. Ich beobachtete

Italien, sondern auch wegen der besseren Bedingungen, des besseren Lohns und weil ich mich mit Valerio gut verstehe. Das ist sehr wichtig. Als Groom muß man imstande sein, von seinem Boß Befehle entgegennehmen aber auch einen Scherz teilen zu können! Die Reiter müssen einen ebenso respektieren, wie wir sie respektieren. Sie müssen Vertrauen zu dir haben.»

«Nun, das erste Jahr, in dem ich Pamina

sie andauernd. Ich war mir sicher, daß etwas mit ihr nicht in Ordnung war. Obwohl die Tierärzte sie abgehorcht hatten, glaubten sie nicht, daß ihr etwas fehlte. Ich blieb trotzdem die ganze Nacht bei ihr, und dann wurde es wirklich schlimm. Ich holte Otto aus dem Bett, und endlich glaubten sie mir. Ich weiß nicht, was es ist, aber ich habe einen Draht zu ihr.»

Ein Pferd zu haben, das man liebt, ist nur die eine Seite der Medaille. Es ist auch wich-

Die US-Reiter der Ostküste Amerikas wandern über die Wintermonate nach Florida aus, um dem kalten Wetter zu entkommen. Hier warten eine amerikanische Pflegerin und ihr Pferd geduldig unter einem Baum, abseits der prallen Sonne von Tampa, Februar 1988.

Nach dem ersten Stechen des Mächtigkeitsspringens müssen Pferde, Grooms und Reiter in Aachen (CSIO 1989) in einem abgesicherten Abreiteplatz innerhalb des Turnierplatzes bleiben. Hier beobachten Vancouver, Puissancespezialist von Boris Boor (AUT), und seine Pflegerin die Konkurrenz.

tig, sich mit dem Reiter zu verstehen. «Otto sagte meistens beim Verlassen des Parcours nicht viel, aber fünf Minuten später, als er abstieg, oder am Ende des Bewerbes, kam er in den Stall, um über seinen Ritt zu sprechen. Es ist auch eine Charaktersache. Sie sind alle unterschiedlich. Manchmal wird einem auch die Schuld zugeschoben, wenn im Parcours etwas schiefgegangen ist. Ich erinnere mich, es war bei einem nationalen Turnier vor einigen Jahren, da zeigte mir Otto die Stollen, die ich einschrauben sollte, was ich auch tat. Das Pferd rutschte, und Otto kam aus dem Parcours und fing an zu brüllen. Ich sagte ihm nur, er solle sich die Stollen anschauen. Er hob den Huf und sagte: ‹Nein, nein, das sind nicht die Stollen, die ich wollte, ich wollte die anderen.› Manchmal muß man einfach eine dicke Haut haben. Aber das kommt nicht oft vor. Die Reiter befinden sich unter großem Druck, sie kommen aus dem Parcours und müssen

Dampf ablassen. Und man ist gerade dort …»

In einer Sache waren sich alle Pferdepfleger einig: «Glaubt nicht, daß es glanzvoll ist.» Und Cilla fährt fort: «Als ich jung war und gewöhnlich Wembley und Hickstead im Fernsehen verfolgte, sah ich, wie der Groom Ryan's Son oder Deister eine Decke überwarf, und sagte mir: ‹O toll, genau das

möchte ich machen, wenn ich älter bin!›
Glaubt aber nicht, daß das die beste Arbeit
ist. Jetzt tue ich genau das, und ich würde
Leuten wahrscheinlich sagen, daß sie in der
Schule härter arbeiten
und einen ‹norma-
len› Beruf ergreifen
sollten. In Wirklich-
keit hat dies hier we-
nig Zukunft, außer
man hat etwas Geld
zu Hause und die Fa-
milie hilft einem,
etwas aufzubauen.
Für ausländische Rei-
ter im Ausland zu
arbeiten, bietet einem
aber doch die Mög-
lichkeit, Fremdspra-
chen zu lernen. Jetzt,
da ich nach Italien
gehe, muß ich ganz
einfach italienisch
lernen, denn dort
sprechen alle nur ita-
lienisch! Das gibt mir
mehr Aussicht für die
Zukunft. Man könnte
von den Sprachen Ge-
brauch machen und
Übersetzer werden
oder sonst etwas mit
Sprachen tun.»
Pferdepfleger zu
sein ist eine Berufung,
der nur diejenigen
folgen können, die
sich der Sache voll
hingeben. Im Ram-
penlicht steht der Reiter, die Preisgelder
gehen woanders hin und es scheint, als bliebe
ihnen «nur» ein ganz besonderes Verhältnis
zu einem ganz besonderen Pferd.

*Ein Groom kommt niemals ohne Handtuch zum
Turnierplatz. Es wird verwendet, um Reitern die
Stiefel, Sporen, Steigbügel und beim Pferd das Gebiß
und sonstiges zu reinigen. Hier in Rom 1990 trägt das
Pferd das Handtuch, während auf den Reiter gewartet*

Siegerehrungen

Preisverteilungen erwecken gemischte Gefühle in mir. Ich bin der Meinung, daß Siegerehrungen wahre Momente der Feierlichkeit
sein sollten. Diese
Augenblicke sind für
Sieger, Fans, Besitzer
und Sponsoren wun-
derschön. Die mit
Glanz, Prunk und
Beglückwünschungen
geballte Atmosphäre
ist doch etwas Beson-
deres. Mit der Größe
des Bewerbes steigt
auch der Anteil an ge-
wonnenem Prestige.

*Niederländische Mannschaft
– Aachen*

Der Sieg in einer
bedeutenden Meister-
schaft oder einem
glanzvollen Grand
Prix, wie dem von
Aachen z. B., kann ein emotionsgeladener
Moment sein. Was ich an Preisverteilungen
allerdings nicht genieße, ist, daß Organisatoren sich den Feierlichkeiten nicht richtig an-
schließen wollen. Erstens bestimmen sie, daß
Fotografen so weit wie möglich vom Geschehen entfernt sein müssen – laßt die Fotografen bloß die Zeremonie nicht stören! Dann
tauchen sie mit einem magischen Seil auf, das
sie vor die Fotografen spannen und befehlen
uns, keinesfalls dieses zu überschreiten. Ei-
nerseits verstehe ich den Hintergedanken dieser Aktion. Andererseits besteht unsere Aufgabe darin, solche Momente zu verewigen.
Deshalb wünsche ich mir, daß man uns doch
mit etwas mehr Respekt behandelt. Es wird
sogar noch schwieriger, wenn ein Mitglied

«Ich erinnere mich, daß nur Egano und Milton im Stechen waren. Ich war als erster dran und ritt schnell, da ich wußte, daß John aufs Ganze gehen würde. Leider verletzte sich Milton am zweiten Hindernis und John mußte aufgeben ... so gewann ich. Zu gewinnen ist immer ein besonderes Gefühl – jeder träumt davon, die besten Grand Prix des Jahres wie Modena oder Calgary, wo das Preisgeld hoch ist, zu gewinnen! Egano ist ein komisches Pferd, er hat viel Persönlichkeit, er ist gut zu reiten, kann aber im Stall eher schwierig sein.»
Jos Lansink (NL) und Egano beim CSIO von San Marino 1991

des britischen Königshauses die Preise übergibt. Die Sicherheitsvorkehrungen sind dann noch strenger. Irgendwie habe ich auch Verständnis dafür, denn die königliche Familie wurde über die Jahre von der Presse recht stark unter Druck gesetzt. Was Organisatoren allerdings vergessen, ist, daß Pferdefotografen nicht mit Paparazzis zu vergleichen sind. Wir sind nicht darauf aus, eine Persönlichkeit in einer unschönen Art darzustellen. Das einzige, was wir wollen, ist eine zufrieden aussehende Prinzessin, die ihre Freude und Anerkennung für das Siegerpaar zeigt. Frommer Wunsch. Prinzessin Anne hat es sich zur Gewohnheit gemacht, bei Siegerehrungen so schnell als möglich dem Sieger zu gratulieren, indem sie den Fotografen den Rücken zeigt. Aber es gibt andere Persönlichkeiten, die entzückend sind: Ich erinnere mich an das Hickstead-CSIO von 1992 zurück, als Prinz Edward die Nationenpreistrophäe übergab. Er war so charmant und gelassen und lächelte den Fotografen zu.

Manchmal fällt es mir schwer zu glauben, daß Reiter so zurückhaltend und introvertiert sein können. Sie stehen einfach da und zeigen uns gar keine Gefühle der Freude. Sind sie das Siegen so gewohnt? Ist es einfach zur Routine geworden und verliert es für sie dadurch an Bedeutung? Oder sind sie tatsächlich so scheu? Natürlich fällt es schwer, zu viel Überschwenglichkeit zu zeigen, denn sie müssen ihre Pferde unter Kontrolle haben, aber ich bin doch der Meinung, daß im Vergleich zu Tennis oder Fußball, Sportarten, die schließlich unsere größten Rivalen bei Fernsehübertragungen sind, unsere Stars nicht genügend Emotionen zeigen.

Was das Fotografieren von Siegerehrungen anbelangt, so ist das Turnier von Spruce Meadows eines der schönsten. Ron und Marg Southern, die Organisatoren des Turniers, verstehen es, Sieger wirklich zu feiern. Sie achten darauf, daß Sponsoren auf ihre Rech-

nung kommen und den Fotografen genügend Zeit für ein gutes Foto bleibt. Letztendlich profitieren die Springreiter von den Sponsoren und die Sponsoren von den Medien.

Manche Reiter sind sich bewußt, daß sie dem Sport etwas zurückgeben sollten. Ich erinnere mich, als Joe Turi 1990 mit Vital das Derby von Hickstead gewonnen hatte. Die drei Erstplazierten erhielten einen großen Blumenstrauß. Bevor Joe die Ehrenrunde in Angriff nahm, übergab er seinen Blumenstrauß einer Dame im Publikum. Ich bin sicher, daß er mit dieser Geste ihren Tag verschönert hatte. Auch bei Veranstaltungen wie Göteborg herrscht immer Hochspannung. Fans sind mit selbstgebastelten Farbplakaten, die den Namen ihres Idols tragen, ausgerüstet. Es war wirklich schön mitzuerleben, wie John Whitaker und Ludger Beerbaum nach der Preisverteilung des Volvo-Weltcup-Finals 1993 ihre Schokolade-Ostereier bei der Ehrenrunde ihren Fans zuwarfen.

«Ich bin immer sehr glücklich, wenn ich gewinne. Es kommen viele Sachen zusammen. Es ist der Abschluß eines Wettkampfes, den man als Bester verabschiedet. Ich gebe den enthusiastischen Zusehern gerne meinen Dank für ihre Unterstützung und Anerkennung. Das Publikum hat ein Recht zu sehen, wie glücklich man nach einem Sieg ist. Ich hätte gerne, daß die Beziehung zwischen dem Publikum und den Reitern noch enger wird.»
Franke Sloothaak (D), Sieger des Grand Prix in Rotterdam 1991 auf Walzerkönig, nach einem Drei-Pferde-Stechen

USA-Mannschaft
«Dies war ein aufregender Augenblick, zumal unsere Mannschaft als Außenseiter nach Lanaken gekommen war. Keiner traute uns den Sieg zu. Die US-Mannschaft hatte das ganze Jahr hindurch nie gut abgeschnitten. Es war solch ein Spaß, nach Lanaken zu kommen und es zu schaffen. Es herrschte viel Enthusiasmus in der Mannschaft. Wir verstanden uns alle sehr gut, was den Sieg ermöglichte.»
Leslie Burr-Leneham, Mitglied des US-Teams. Die Nationenpreis-Trophy (September 1991) wurde von den Medien nicht allzu gut aufgenommen und verlor ihren Sponsor. Das Finale verlief nichtsdestotrotz spannend, es kam zu einem Stechen zwischen den Deutschen und den Amerikanern

Französische Mannschaft
(Rechts): «Den Nationenpreis von Hickstead auf diesem wunderschönen Springplatz zu gewinnen, ist einfach das tollste Gefühl! Wir wissen alle, daß die britische Mannschaft eine der stärksten ist, und daß sie zu besiegen meistens schwierig ist, besonders auf ihrem eigenen Boden, wo sie wie entfesselt wirkt. Wir haben eine gute Mannschaftsmoral und halten zueinander. Dies ist die Stärke eines Teams. Das ist auch die Stärke der Briten, sie sind alle gut befreundet.»
Michel Robert (zweiter von links), Mitglied der französischen Mannschaft, die den Nationenpreis von Hickstead 1991 nach einem spannenden Stechen gegen Großbritannien gewann

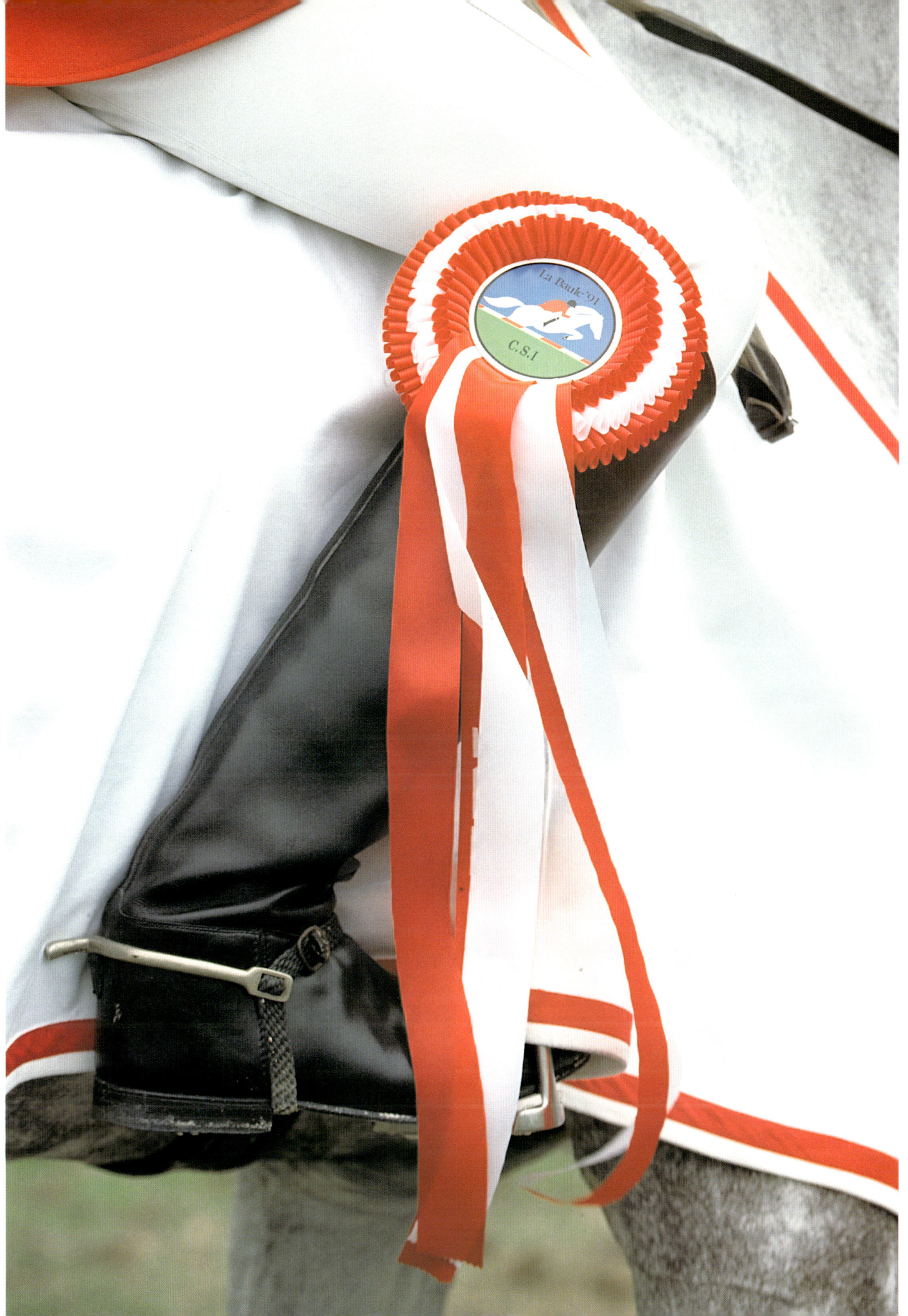

*«Der Sieg in diesem Grand Prix war der Wendepunkt in der Karriere von Nonix.
Viele Leute haben sich gewundert, daß ich Nonix ausgesucht habe. Nur wenige
haben an ihn geglaubt, besonders als es zwischen Nonix und mir anfangs nicht so
richtig geklappt hat. Mein Sieg in Paris war manchen Leuten unangenehm. Für
mich war es ein Beweis dafür, daß alle im Unrecht waren. Man muß immer
Hoffnung und Glauben haben. Dieser Sieg war der Anfang einer Serie von
Siegen, wie in der französischen Meisterschaft und im Grand Prix von Bordeaux.
Ich glaube an Nonix, weil er das ganze Spektrum an Qualitäten, das ein
Springpferd braucht, abdeckt. Er ist mutig, hat ein riesiges Sprungvermögen und
schreckt vor nichts zurück. Manchmal ist er schwierig zu reiten. Sein Körperbau
ist eher leicht und er hat einen empfindlichen Rücken. Ich verdanke Nonix sehr
viel.»*
Michel Robert (FR) und Nonix, Sieger des Grand Prix von Paris 1991

«*Dies war wahrscheinlich der aufregendste Tag meiner Karriere – der Sieg im Aachener Grand Prix! Dahin gehört Starman. Er ist groß und besitzt ein enormes Sprungvermögen. Er liebt diese Atmosphäre. Er gibt in den schwierigsten Bewerben sein Bestes. Er ist mutig, ein klein wenig arrogant, aber sehr höflich und einfach traumhaft zu reiten.*»
Anne Kursinski (USA) und Starman – Sieger des Grand Prix von Aachen 1991

«Es war wirklich phantastisch, besonders weil es gleich nach der Europameisterschaft war, wo mich John nur knapp auf den zweiten Platz verwiesen hatte. Ich habe mich riesig für das Pferd gefreut und nicht nur für mich selbst. Wenn man mit Monsanta einreitet, weiß man, daß er immer sein Bestes geben wird. Er läßt einen niemals im Stich, und das ist wirklich das wichtigste.»
Michael Whitaker (GB) und Monsanta, Sieger des Grand Prix in Spruce Meadows, Calgary 1989. Das Paar gewann nach einem packenden Stechen mit Thomas Fuchs und Dollar Girl die Rekordsumme von umgerechnet 250 000 DM.

Eric Navet – Pierre Durand
«Ich habe Eric immer sehr bewundert, geachtet und respektiert. Seine Qualitäten sind mir bei den Olympischen Spielen 1984 in Los Angeles, als wir in derselben Mannschaft waren, so richtig bewußt geworden. Es tat mir leid, daß Eric zwischen den Jahren 1984 und 1990 nie die Pferde gehabt hat, die es ihm ermöglicht hätten, an der Spitze mitzureiten. Er war bereit und kehrte schon vor Stockholm zur Elite zurück, aber er zweifelte immer noch an seinen und an Quitos Fähigkeiten. Eric unterschätzt sich stets. Aus Intuition, Freundschaft, Achtung für Eric und aus dem Wunsch, mit ihm im selben Team bei der Weltmeisterschaft von Stockholm zu sein, überzeugte ich ihn, seinen Vater und Patrick Caron, daß Eric und Quito bereit waren. Nach dem Turnier von Francoville hat Eric endlich nachgegeben und mitgespielt! Ich freue mich ganz besonders für ihn, er verdient es.»
Pierre Durands (FR) Äußerungen zu den Erfolgen von Eric Navet bei den Weltmeisterschaften von Stockholm 1990

Britischer Mannschaftssieg – Calgary
«Calgary bewirkt etwas ganz Besonderes in mir, ich weiß nicht genau, was, aber es holt das Beste aus mir als auch aus den Reitern. Die 15 Jahre, in denen ich eine Mannschaft nach Calgary führe, haben wir den Rekord aufgestellt, den Nationenpreis bereits neunmal zu gewinnen. Wir reisten vor 15 Jahren zum ersten Masters von Calgary. Am Fuße der Rocky Mountains liegend, und noch dazu im September, ist das Turnier nicht immer mit schönem Wetter gesegnet – wir haben schreckliche Jahre mit Regen, Wind und sogar Schneestürmen erlebt, aber wir haben nicht lockergelassen und sind immer wieder zurückgekehrt. Wir sahen, wie die Zuschauerzahl von 2500, über die fünf Tage verteilt, auf über 130000 angestiegen ist, und ich meine, daß die britische Mannschaft am Erfolg des Turniers beteiligt ist. Im ersten Jahr hat Harvey Smith ein*

Solo gesungen und eine stimmungsvolle Party gehalten. Die Kameradschaft zwischen den Teams und der Familie Southern, die das Turnier organisiert, ist einzigartig. 1977 sah Spruce Meadows wie eine Viehweide aus, und ich sage immer wieder, welch eine tolle Viehweide es für uns Briten ist, denn wir haben hier Tausende von Dollars gewonnen! Es scheint immer, als ob wir hier den besseren ziehen würden. Es ist ganz einfach ein magisches Turnier für uns.»*
Ronnie Massarella zum Sieg im Bank-of-Montreal-Nationenpreis (1992), den die britische Mannschaft zum viertenmal hintereinander gewinnen konnte.

*John Whitaker und
Milton von hinten, bei
einer Hickstead-
Veranstaltung 1988
aufgenommen.*

Bleibende Eindrücke

Was immer wir unternehmen und wohin wir auch gehen mögen, kehren wir meistens mit bleibenden Eindrücken nach Hause zurück. Wenn wir in Urlaub, ins Theater, ins Kino, ins Konzert oder in ein Restaurant gehen oder wenn wir ganz einfach unter Leuten sind, werden wir stets von einigen Aspekten unserer Erfahrungen begleitet. Ich bin der Meinung, daß wir Menschen uns alle danach sehnen, daß schöne Dinge so lange wie nur möglich anhalten. Wir genießen all die Erinnerungen netter Momente.

Ein Turnierbesuch ist nicht anders. Wenn immer ich auf ein internationales Turnier gehe, komme ich mit mindestens einer denkwürdigen Erfahrung, die ich immer in Erinnerung behalten werde, zurück. Es ist aber nicht so, daß ich unbedingt erwarte, ereignisvolle Momente zu erleben, im Gegenteil, es rührt mich immer wieder, wenn es tatsächlich vorkommt. Irgendwie liegt es in der Natur meines Berufes als Fotografin, Bruchteile einer Sekunde in anhaltende Momente zu verwandeln. Ja, die Fotografie hilft mir dabei! Anhand von Fotos kann ich außergewöhnliche Momente einfangen, und ich mache mir immer zur Aufgabe, genau dies zu erreichen.

Wenn ich im Springplatz stehe, entgehen mir oft Bilder, die ich auf Film festhalten möchte, denn manchmal gehen sie zu schnell an mir vorbei, oder ich befinde mich leider am falschen Ort. Ich erinnere mich an ein Ereignis, das ich bei meinem ersten Besuch des Grand Prix von Rotterdam erlebte. Der Rotterdamer Springplatz ist groß genug, daß Fotografen ihre Positionen im Springplatz einnehmen dürfen. Ich wählte einen Platz sehr nahe an der dreifachen Kombination. Ich stand ziemlich nahe am zweiten Sprung, einem Oxer, was mir einen frontalen Winkel auf den Einsprung ermöglichte. Ich knipste viele schön aufrecht sitzende und nach vorne schauende Reiter. Nach einiger Zeit kam dann John Whitaker mit Hopscotch: Er sprang hinein, ich drückte ab, er landete, machte einen Galoppsprung, und mitten über dem zweiten Sprung wechselte er ganz beiläufig seine Reitgerte von der linken, über den Pferdehals, zu seiner rechten Hand, landete, und während des Galoppsprungs vor dem Aussprung gab John Hopscotch einen Klaps auf die rechte Schulter, und die beiden sprangen in großartiger Manier heraus. Ich stand fassungslos da! Johns sechster Sinn und sein Gefühl verblüfften mich regelrecht. Es war nicht nur, daß John mit enorm geschmeidiger und dem Pferd nicht auffallender Leichtigkeit den Wechsel absolviert hatte, sondern daß er schon so früh gespürt hatte, daß Hopscotch nach rechts drängte und er so ein Vorbeilaufen vermeiden konnte. Das Ganze so hautnah zu verfolgen, machte mir solchen Eindruck, daß ich es niemals vergessen werde. Weiter lernte ich daraus, daß man immer sein Objekt so lange als möglich mit der Kamera verfolgen soll. Gerne hätte ich eine ganze Serie von diesem lässigen Gertenwechsel fotografiert.

Bleibende Eindrücke motivieren einen auch weiterzukämpfen. Es sind die Glücksmomente, von denen wir Mut schöpfen können, wenn wir uns gerade inmitten einer Durststrecke befinden. Die Erinnerung an ein Siegesgefühl hilft dem Reiter über Momente, in denen alles schiefzugehen scheint, hinaus.

Höhen und Tiefen kommen in der Welt des Springsports recht oft vor. Ich bewundere immer wieder Reiter, denen es gelingt, sich wieder emporzuarbeiten. Ich frage mich oft, woher sie die Kraft schöpfen, um zum Erfolg zurückzukehren. Reiter haben mir gesagt, daß es nicht nur dank einer positiven Einstellung und einer Art Vision ist, sondern daß auch Momente unvergessener Erfolge helfen.

Wäre es nicht schön, wenn alle bleibenden Eindrücke positiv wären? Leider ist dies aber nicht der Fall. Sowohl Reiter als auch Pferde erinnern sich genauso an schlechte wie an gute Erfahrungen. Pferde haben auch die Gabe, sich an Dinge der Vergangenheit zu erinnern. Sie erkennen Plätze wieder und erinnern sich an Momente, als es nicht so gut gelaufen ist.

1990 borgte John Whitaker seinem Freund Nick Skelton Hopscotch für das Hickstead Derby. Nick kam mit Hopscotch sehr gut zurecht. Die beiden waren fehlerfrei unterwegs. Dann überraschte Hopscotch Nick aber mit einer Verweigerung beim kleinen Steilsprung, der vor dem Abgang der Bank gesprungen wird. Das Jahr zuvor, als John ihn ritt, hatte Hopscotch denselben Ungehorsam eingelegt. 1991, als er wieder von seinem gewohnten Reiter geritten wurde, ritt John die Bank hinauf und gab Hopscotch beim Steilsprung etwas mehr Druck. Das Pferd sprang, aber dann hatten die beiden, wie sie im Kapitel der Mißgeschicke sehen können, beim Abgang ihre Schwierigkeiten. Im darauffolgenden Jahr ritt John Hopscotch beim Derby von Millstreet. Als sie oben auf der Bank standen, wollte Hopscotch nicht hinuntergehen. Nach zwei mißglückten Versuchen, Hopscotch zu überzeugen, entschloß sich John, sein Pferd zurückzuziehen. Ich bin der Meinung, daß Hopscotch sich an das Ereignis von Hickstead zurückerinnert hat. Manche Pferde sind in dieser Hinsicht sensibler als andere. Manchen ist es möglich, solche Momente wegzustecken.

Manchmal lösen bleibende negative Momente auch Aberglauben aus. Veronique Whitaker möchte mit ihrer Stute Flarepath nicht mehr in Hickstead starten. Während des 1992 in Hickstead abgehaltenen Queen-Elizabeth II.-Bewerbs zog sich die Stute eine schwere Sehnenverletzung

David Broome (GB) und Peter Charles (IRL) bei der Parcoursbesichtigung beim CSIO von Rom 1990. Reiter besprechen immer den Parcours eines wichtigen Bewerbes untereinander.

zu, die sie zu einer sechsmonatigen Pause zwang.

Die bleibenden Eindrücke, die ich hier auserwählt habe, sind allerdings fröhlicherer Natur. Sie reichen von Reiterporträts über Lächeln und Stilleben bis zu Momenten großer Konzentration.

*Gem Twist und Frank
Chabot, der US-Team-
chef und zugleich Trainer
von Greg Best, bei den
Weltmeisterschaften von
1990.*

Links: Otto Becker (D) auf der Reitertribüne während des Spruce Meadows Master von 1991. Ottos größte Sorge war, ob es ihm gelingen würde, seinen Du-Maurier-Grand-Prix-Titel des Vorjahres erfolgreich zu verteidigen.

Thomas Frühmann (AUT) nach dem ersten zur Weltmeisterschaft von Stockholm zählenden Bewerb. Thomas vertrat Österreich als Einzelreiter und stand vor der ernüchternden Tatsache, daß sein Pferd Cornado den Anforderungen des Championats nicht ganz gewachsen war.

Oben: Mark Todd (NZL) verfolgt seine Konkurrenten während der Royal International Horse Show in Hickstead 1992.

Die Brüder John und Michael Whitaker (GB) in La Baule 1991. Nachdem die Briten die Mannschaftssilbermedaille bei den Europameisterschaften gewonnen hatten, improvisierten die britischen Journalisten eine Minipressekonferenz auf der Tribüne.
«John und ich verstehen uns sehr gut. Ich sehe ihn eigentlich nicht oft, nur bei den Turnieren! Ich mache mir über Johns Leistung bei einem Nationenpreis niemals Sorgen. Er ist ausgesprochen zuverlässig. Ich glaube jedoch, daß er sich um mich sorgt.»

Die italienischen Polizisten, Carabinieri genannt. Sie treten bei großen Turnieren wie bei den CSIO von Rom oder Modena meist beritten auf. Hier unterhalten sie das Publikum beim CSIO von San Marino 1992.

Stilleben – CSIO Rom 1990

Diese Aufnahme wurde während eines Zeitspringens beim CSIO von Aachen 1990 mit ¹⁄₆₀ Sekunde aufgenommen. Auf diese Weise kommt die Geschwindigkeit zur Geltung.

Linda Briggs und Ros Reed feierten bei den Reiterspielen von Stockholm 1990 ein Jahrzehnt ihrer Turnierreisen. Sie sind Mitbegründerinnen und Mitglieder des britischen Springreiter-Fanclubs, der seit Dezember 1992 besteht.

«Wir bemühen uns, zu mindestens zwei bis drei internationalen Turnieren pro Jahr zu reisen. Was uns bei unseren Auslandsbesuchen besonders gefällt, ist, daß wir Leute aus verschiedenen Ländern kennenlernen, die die gleichen Interessen haben. Es ist schön, wenn man Erfahrungen austauschen kann. Weiter ist es eine gute Gelegenheit, Spitzenreiter aus anderen Ländern am Werk zu sehen, denn leider kommen nicht allzu viele nach England. Aber vor allem genießen wir ein gutes Abschneiden der Briten.»

Unten: Das schwedische
Publikum ist für seine
farbenprächtigen Fans
berühmt. Hier feiern
Ludger-Beerbaum-Fans
den Sieger des Volvo-
Weltcup-Finals von 1993.

John Whitaker, Sieger
des Volvo-Weltcup-Fi-
nals in Göteborg 1991, ist
immer ein gerngesehener
Gast im Scandinavium.
Auch er hat eine treue
Anhängerschaft.

Coleen Brook (AUS) bei der Parcoursbesichtigung der Reiterspiele 1990 in Stockholm.

Volvo-Weltcup-Finale 1993. Ludger Beerbaum hält ein Geschenk, das Ihm während der Parcoursbesichtigung von einer Verehrerin überreicht wurde.

Paul Darragh (IRL) bei der Parcoursbesichtigung zum Grand Prix beim CSIO in Hickstead 1992.

Der Queen-Elizabeth-II.-Bewerb wurde 1992 zum ersten Mal in Hickstead durchgeführt. Dieses britische Paar, aus Tracy Priest und Harden Dilwyn bestehend, beendete soeben seinen Grundparcours. Ich bin mir sicher, daß diese Aufnahme ihr Resultat verrät! Nach dem Stechen landeten die beiden auf Platz vier.

«Es scheint immer, als ob Dilly sein Sprungvermögen um eine Stufe erhöht, wenn er in Hickstead startet. Ich würde sagen, daß er ein Unikum ist, ein Pferd, von dem jeder träumt, es einmal im Leben besitzen zu dürfen.»

KATIE MONAHAN PRUDENT

NELSON PESSOA

PAUL DARRAGH

MICHEL ROBERT

ROGER-YVES BOST

HANS HORN

MARIE EDGAR

PATRICK CARON

MICHAEL WHITAKER

WILLI MELLIGER

IAN D MILLAR

TINA CASSAN

LUIS ALVAREZ

THOMAS FRÜHMANN

OTTO BECKER

MICHAEL MATZ

COLLEEN BROOK

ROBERT SMITH

ERIC NAVET

J C VANGEENBERGHE

PAUL WEIER

TRACY PRIEST

PIERRE DURRAND

FRANKE SLOOTHAAK

OLAF PETERSEN

ERIC WAUTERS

TIM GRUBB

JENNY ZOER

LUDGER BEERBAUM

HUGO SIMON